中等职业教育素质教育课教材

国学经典诵读

主编　林俊峰　牟　青

天津大学出版社
TIANJIN UNIVERSITY PRESS

图书在版编目（CIP）数据

国学经典诵读 / 林俊峰，牟青主编 . -- 天津：天津大学出版社，2024. 7. --（中等职业教育素质教育课教材）. -- ISBN 978-7-5618-7779-1

Ⅰ . Z126

中国国家版本馆 CIP 数据核字第 2024T4E349 号

国学经典诵读

GUOXUE JINGDIAN SONGDU

出版发行　天津大学出版社
地　　址　天津市卫津路 92 号天津大学内（邮编：300072）
电　　话　发行部：022-27403647　邮购部：022-27402742
网　　址　www.tjupress.com.cn
印　　刷　河北鑫彩博图印刷有限公司
经　　销　全国各地新华书店
尺　　寸　787 mm×1 092 mm　1/16
印　　张　12.25
字　　数　232 千字
版　　次　2024 年 7 月第 1 版
印　　次　2024 年 7 月第 1 次
定　　价　35.80 元

编委会成员

主　编　林俊峰　牟　青

副主编　冯超超　崔广梅　王闽闽

　　　　　刘　淼

前言

PREFACE

“党的二十大报告中指出，中华优秀传统文化‘蕴含的天下为公、民为邦本、为政以德、革故鼎新、任人唯贤、天人合一、自强不息、厚德载物、讲信修睦、亲仁善邻等，是中国人民在长期生产生活中积累的宇宙观、天下观、社会观、道德观的重要体现，同科学社会主义核心价值观主张具有高度契合性’。立足新时代新征程，推动中华优秀传统文化创造性转化、创新性发展，是一个重大理论与实践课题。”（《推动中华优秀传统文化与社会主义核心价值观相贯通》，人民网 2023 年 1 月 13 日）二十大报告关于中华优秀传统文化的论述，既全面概括了中华优秀传统文化在世界观、人生观、价值观等方面的核心洞见，也明确肯定了中华优秀传统文化与马克思主义科学理论在价值观维度上的高度契合性，从而为我们在新征程上赓续传承中华优秀传统文化，推进文化自信自强，提供了价值观和方法论维度上的重要遵循。

中国经典文化是指在中国形成和发展起来的，具有鲜明特色和稳定结构的、世代相传并影响整个社会历史的、宏大的、精粹的古典文化体系。它们是中华民族的文化瑰宝，是中国人的精神家园。“经典”主要是指那些传统的、具有重要价值和生命活力，经过积淀、保存、延续下来的权威性的古代著作。从小诵读经典诗文，有助于孩子继承和发扬中华优秀传统文化，汲取民族精神的源头活水，陶冶道德情操，形成良好的人格品质。经典诵读也是提高孩子文化素养、审美品位和语言能力的重要途径。

《国学经典诵读》为创新素质教育而编写，选录了许多经典文章和诗词歌赋。结合学生的发展特点和认知水平，同时结合中等职业学校学生的实际和经济社会岗位对中等职业学生能力和道德的要求，我们组织教学实践经验丰富的骨干教师编写了这本《国学经典诵读》。本书共分为6个篇章：爱国篇、诚信篇、修身篇、立志篇、治学篇、立业篇。每篇都分为两个小节，第一节主要精选了与该篇主题相关的经典诗文；第二节是与该篇主题相关的经典小故事，列举中国古代先贤志士的优秀事迹，引导学生树立正确的人生观、价值观。

诵读经典，犹如穿越时空隧道，与一个个鲜活的生命进行对话。经典诗文蕴含的思想情感、审美情趣如同春雨般滋润着孩子的心田，为孩子的一生打下精神的底色。本书旨在让优秀的传统文化进驻校园，增强孩子的民族认同感和自豪感，促进有益的职业素养的形成，提高文化素养。

编写本书时，我们主要参考了一些古典诗词鉴赏辞典和中国古代文学作品选等比较权威的著作，在此对其作者表示衷心的感谢。由于编写时间较紧，在编写中难免会出现一些不尽如人意的地方，恳请广大读者提出宝贵意见，也请专家学者给予批评指正，我们将不断努力提高、改进，在此深表感谢。

编　者

CONTENTS

目录

天下兴亡，匹夫有责
——爱国篇

『学习目标』

◎ 知识目标

1. 了解经典爱国诗文和爱国故事的内容和背景。
2. 理解诗文和故事中所传达的爱国情怀和价值观念。
3. 掌握这些经典作品中的重要写作技巧和表达方式。

◎ 能力目标

1. 能够分析和解读经典爱国诗文和爱国故事的意义和艺术价值。
2. 能够将爱国情怀与个人理念和信念相结合，形成自己的积极价值观。
3. 能够表达自己的爱国情感，用行动支持国家建设和发展。

◎ 素质目标

1. 培养爱国主义精神，弘扬民族团结精神。
2. 培养对祖国历史文化的尊重和热爱，增强民族自豪感。
3. 培养积极向上的人生态度和强烈的社会责任感。

第一节 经典诗文

国殇

屈原

【作者简介】

屈原（约前340—前278），名平，字原，中国古代伟大的爱国诗人。战国时期楚国贵族出身，任三闾大夫、左徒，兼管内政外交大事。他主张对内举贤能，修明法度，对外联齐抗秦；后因遭贵族排挤，被流放沅、湘流域。公元前278年，秦将白起一举攻破楚国都城郢都，忧国忧民的屈原在长沙附近的汨罗江怀石投河自杀。他写下许多不朽诗篇，是中国古代浪漫主义诗歌的奠基者，在楚国民歌的基础上创造了新的诗歌体裁——楚辞，主要作品有《离骚》《九章》《九歌》等。他在诗中抒发了炽热的爱国之情，体现了他对理想的不懈追求和为此九死不悔的精神。他创造的“楚辞”文体，在中国文学史上独树一帜，与《诗经》并称“风骚”二体，对后世诗歌创作产生了积极影响。

【原文】

操吴戈兮被犀甲，车错毂兮短兵接。
旌蔽日兮敌若云，矢交坠兮士争先。
凌余阵兮躐余行，左骖殪兮右刃伤。
霾两轮兮絷四马，援玉枹兮击鸣鼓。
天时怼兮威灵怒，严杀尽兮弃原野。

出不入兮往不反，平原忽兮路超远。
带长剑兮挟秦弓，首身离兮心不惩。

诚既勇兮又以武，终刚强兮不可凌。
身既死兮神以灵，魂魄毅兮为鬼雄！

【译文】

手拿吴戈啊身穿犀皮甲，战车交错啊刀剑相砍杀。
旗帜蔽日啊敌寇多如云，飞箭交坠啊士卒勇争先。
犯我阵地啊践踏我队伍，左骖死去啊右骖被刀伤。
埋住两轮啊绊住四匹马，手拿鼓槌啊敲打响战鼓。
天昏地暗啊威严神灵怒，残酷杀尽啊尸首弃原野。

出征不回啊往前不复返，平原迷漫啊路途很遥远。
佩带长剑啊挟着强弓弩，首身分离啊壮心不改变。
实在勇敢啊富有战斗力，始终刚强啊没人能侵犯。
身已死亡啊精神永不死，魂魄刚毅啊为鬼中英雄！

【赏析】

《九歌》是一组祭歌，共 11 篇，是屈原根据民间祭神乐歌的再创作。《国殇》是《九歌》中的第十篇，旨在哀悼死难的爱国将士，祭奠为国捐躯的楚国将士的亡灵。《国殇》分为两节，先是描写在一场短兵相接的战斗中，楚国将士奋死抗敌的壮烈场面，继而颂悼他们为国捐躯的高尚志节。

作者描写场面、渲染气氛的手法十分巧妙。上节不过 10 句，就将一场殊死恶战的情状写得栩栩如生，极富感染力。下节则以饱含情感的笔触，讴歌死难将士。

在这种抒写中，作者将热爱家国的炽烈情感表现得淋漓尽致。

楚国灭亡后，楚地流传过这样一句话：“楚虽三户，亡秦必楚。”屈原此作在颂悼阵亡将士的同时，也隐隐表达了对洗雪国耻的渴望和对正义事业必胜的信念，从此意义上而言，他的思想是与楚国广大人民息息相通的。作为中国历史上的第一位伟大诗人，他所写的绝不仅仅是个人的些许悲欢，受诬陷被排挤，乃至流亡沅、湘的坎坷遭际；他奉献的是那颗热烈得近乎固执的爱国之心。他是楚国人民的喉管，他所写的一系列作品，道出了楚国人民热爱家国的心声。

此篇作品在艺术表现上与作者其他作品有所区别，乃至与《九歌》中其他乐歌也不尽一致。它不是一篇想象奇特、辞采瑰丽的华章，然其“通篇直赋其事”（戴震《屈原赋注》），挟深挚炽烈的情感，以促迫的节奏、开张扬厉的抒写，传达出了与所反映的人事相一致的凛然亢直之美和阳刚之美，在楚辞体作品中独树一帜，让人读罢，有气壮神旺之感。

白马篇

曹植

【作者简介】

曹植（192—232），字子建，沛国谯（今安徽省亳州市）人；三国曹魏著名文学家，建安文学代表人物；魏武帝曹操之子，魏文帝曹丕之弟，生前曾为陈王，去世后谥号“思”，因此又称陈思王。后人因他文学上的造诣而将他与曹操、曹丕合称为“三曹”，南朝宋文学家谢灵运更有“天下才有一石，曹子建独占八斗”的评价。王士祯尝论：汉魏以来两千年间，诗家堪称“仙才”者，曹植、李白、苏轼三人耳。

【原文】

白马饰金羁，连翩西北驰。借问谁家子，幽并游侠儿。
少小去乡邑，扬声沙漠垂。宿昔秉良弓，楛矢何参差。
控弦破左的，右发摧月支。仰手接飞猱，俯身散马蹄。
狡捷过猴猿，勇剽若豹螭。边城多警急，虏骑数迁移。
羽檄从北来，厉马登高堤。长驱蹈匈奴，左顾陵鲜卑。
弃身锋刃端，性命安可怀？父母且不顾，何言子与妻！
名编壮士籍，不得中顾私。捐躯赴国难，视死忽如归！

【译文】

驾驭着白马向西北驰去，马儿佩戴着金色的笼头。有人问他是谁家的孩子，回答说是边塞的好男儿游侠骑士。

年纪轻轻就离别了家乡，到边塞显身手建立功勋。楛木箭和强弓从不离身，下苦功练就了一身武艺。

拉弓向左一击而中目标，向右而射射裂箭靶“月支”。抬手仰身射中了飞猱，俯身又射碎箭靶“马蹄”。

他灵巧敏捷赛过猿猴，又勇猛轻疾如同豹螭。听说国家边境军情紧急，侵略者一次又一次进犯。

告急信从北方频频传来，游侠儿催战马跃上高堤。随大军平匈奴直捣敌巢，再回师扫鲜卑驱逐敌骑。

上战场面对着刀山剑树，从不将安和危放在心里。连父母也不能孝顺服侍，更不能顾念那儿女妻子。

名和姓既列入战士名册，早已经忘掉了个人私利。为国家解危难奋勇献身，看死亡就好像回归故里。

【赏析】

在这首诗中，曹植浓墨重彩地描绘了一位武艺高超、渴望为国立功、视死如归的少年游侠形象，借以抒发自己的报国激情。诗歌的风格雄放，气氛热烈，语言精美，称得上是情调兼胜。

诗歌的起首即用“连翩西北驰”的画面，形象地传达出一种勇往直前的精神。接下来关于“幽并游侠儿”的一大段文字，绘声绘色地写出他的飒爽英姿和高超的武艺，笔墨之间沸腾着一股激越高亢的情绪。这位身手不凡的白马少年“长驱蹈匈奴，左顾陵鲜卑”，大有顾盼间樯橹灰飞烟灭的豪迈气概。诗人不仅以激情的笔调写出了白马少年的英雄行为，而且以精湛的语言揭示了人物的爱国精神。诗歌的最后几句，道出了白马少年的思想底蕴和壮烈情怀，音哀气壮，声沉调远，大有易水悲歌的遗韵。

诗歌采用了补叙的手法。诗歌以“白马饰金羁，连翩西北驰”起文，引出驰马奔赴西北战场的英雄身影；接着以“借问”领起来补叙英雄的来历，描写了他英姿飒爽、身手不凡的英雄形象。“边城”六句与篇首呼应，具体说明“西北驰”的原因，表现白马少年英勇赴敌的英雄气概。最后八句，表现了白马少年大义凛然、甘愿为国捐躯、视死如归的崇高精神境界。

满江红

岳 飞

【作者简介】

岳飞（1103—1142），字鹏举，宋相州汤阴县永和乡孝悌里（今河南安阳市汤阴县程岗村）人，中国历史上著名的军事家、战略家，位列南宋中兴四将之首。岳飞是南宋最杰出的统帅，他重视人民的抗金力量，制定了“连结河朔”之谋，主张黄河以北的抗金义军和宋军互相配合，夹击金军，以收复失地。岳飞的文学才华，也是将帅中少有的。他的不朽词作《满江红》，是千古传诵的爱国名篇。岳飞死后，葬于西湖畔栖霞岭。

岳飞是中国古代治军的楷模，“岳家军”成为一时的典范。岳飞虽然没有军事论著传世，但从其散见于史书篇牍中的论述和军事实践，可看出他军事思想的主要内容。前人将岳飞的治军思想总结为六个方面：贵精不贵多；谨训习；赏罚公正；号令严明；严肃纪律；同甘苦。这六方面的核心便是从严治军。

【原文】

怒发冲冠，凭栏处、潇潇雨歇。抬望眼，仰天长啸，壮怀激烈。三十功名尘与土，八千里路云和月。莫等闲、白了少年头，空悲切！

靖康耻，犹未雪；臣子恨，何时灭！驾长车、踏破贺兰山缺。壮志饥餐胡虏肉，笑谈渴饮匈奴血。待从头、收拾旧山河，朝天阙。

【译文】

我怒发冲冠，独自登高凭栏，阵阵风雨刚刚停歇。我抬头远望，天空一片高远壮阔，禁不住仰天长啸，一片报国之心充满胸怀。三十多年的功名如同尘土，八千里南征北战经过多少风云人生。好男儿，要抓紧时间为国建功立业，不要将青春消磨，等年老时徒自悲切。

靖康之耻，至今也还没有报仇雪恨。我作为国家臣子的愤恨，何时才能平息！我要驾上战车，踏破贺兰山口。我满怀壮志，发誓吃敌人的肉、喝敌人的血。待我重新收复旧日山河，再带着捷报向国家报告胜利的消息。

【赏析】

岳飞这首《满江红》可谓千古名篇。

岳飞年少时便有抗金报国之志，后成长为一名优秀的抗金将领，屡立战功，威名赫赫。当年，他率领岳家军乘胜追击金兵，直至朱仙镇，距离北宋的都城汴京只有四十五里了。金兵元气大伤，准备逃归，还有不少士卒纷纷来降。岳飞看到这样大好的形势，非常高兴，决心乘胜猛追，收复中原。就在这关键的时刻，当时的皇帝赵构，为了和金人议和，一日连下十二道金字牌，令岳飞班师回朝。岳飞悲愤万分，说："十年之力，废于一旦！"了解了这些情况，对这首词中体现的强烈的感情，就不难理解了。

上片写作者要为国家建立功业的急切心情。"怒发冲冠"是艺术夸张，是说由于异常愤怒，头发竖起，把帽子也顶起来了。"三十功名尘与土，八千里路云和月"，表现作者渴望建立功名、努力抗敌的思想。"莫等闲"三句写出了作者想要为国杀敌的急切心情。

下片写了三层意思：对金贵族掠夺者的深仇大恨；统一祖国的殷切希望；忠于朝廷即忠于祖国的赤诚之心。"靖康"是宋钦宗赵桓的年号。"靖康耻"，指宋钦宗靖康二年（1127），京城汴京和中原地区沦陷，徽宗、钦宗两位皇帝被金人俘虏北去的奇耻大辱。"犹未雪"，指还没有报仇雪恨。由于没有雪"靖康"之耻，所以，岳飞发出了心中的恨何时才能消除（"臣子恨，何时灭"）的感慨。这也是他要"驾长车踏破贺兰山缺"的原因。古代的战车叫"长车"。贺兰山，在今宁夏回族自治区的西北边。"壮志饥餐胡虏肉，笑谈渴饮匈奴血"，充分表达了作者对敌人的刻骨仇恨和报仇雪耻的决心。"壮志"，指年轻时的理想。"胡虏"是古代对北方少数民族的蔑称。这里所谓的"胡虏""匈奴"，皆代指金贵族掠夺者。最后"待从头、收拾旧山河，朝天阙"两句说，等到收复中原、统一祖国的时候，就去报捷。"旧山河"，指沦陷区。"阙"，指宫殿。"天阙"，指朝廷。岳飞在这首词中所表露的忠于朝廷的思想是和渴望杀尽敌人、保卫祖国疆土的壮志密切结合着的。

从艺术角度分析，这首词感情激荡，气势磅礴，风格豪放，结构严谨，一气呵成，有着强烈的感染力。

少年行

王　维

【作者简介】

王维（701—761，一说699—761），字摩诘，河东蒲州（今山西运城）人，祖籍山西祁县，唐朝诗人，有“诗佛”之称。苏轼评价他说：“味摩诘之诗，诗中有画；观摩诘之画，画中有诗。”开元九年（721）中进士，任太乐丞。王维是盛唐诗人的代表，今存诗400余首，重要诗作有《相思》《山居秋暝》等。王维精通佛学，受禅宗影响很大。佛教有一部《维摩诘经》，是王维名和字的由来。王维的诗、书、画都很有名。他多才多艺，对音乐也很精通，与孟浩然合称“王孟”。

王维早年有过积极的政治抱负，希望能做出一番大事业，后值政局变化无常而逐渐消沉下来，吃斋念佛。四十多岁的时候，他特地在长安东南的蓝田县辋川营造了别墅，并在终南山上过着半官半隐的生活。王维在诗歌上的成就是多方面的，无论是边塞诗是还山水诗，无论是律诗还是绝句，都有脍炙人口的佳篇。《少年行》这组诗是王维青年时期游历都城长安时所作，从不同的角度赞扬了侠肝义胆的少年英雄，充满了积极的浪漫主义气息，蕴含了青年王维的政治抱负，与其晚年诗歌中消极的浪漫主义风格大相径庭。

【原文】

其一

新丰美酒斗十千，咸阳游侠多少年。
相逢意气为君饮，系马高楼垂柳边。

其二

出身仕汉羽林郎，初随骠骑战渔阳。
孰知不向边庭苦，纵死犹闻侠骨香。

其三

一身能擘两雕弧，虏骑千重只似无。

偏坐金鞍调白羽，纷纷射杀五单于。

其四

汉家君臣欢宴终，高议云台论战功。

天子临轩赐侯印，将军佩出明光宫。

【译文】

其一

那新丰的美酒一斗就价值连城，出没长安的游侠多半是少年。

他们相逢时，只因意气投合，便痛痛快快喝个一醉方休，骏马就拴在酒楼下的垂柳边。

其二

少年初入仕便担当羽林郎的职务，还曾跟随名将征战沙场。

谁能知道不能到边疆为国征战的苦楚呢？一旦国家有事，必当毫不犹豫地随军出征，纵使为国献身，也能侠骨流芳。

其三

少年一个人就能拉开两张大的弓箭，纵使有千万重敌军，也全然不放在眼里。少年偏左偏右地坐在马鞍上，不停地射箭，将几个敌首纷纷射杀。

其四

战后皇帝赐宴，君臣欢庆结束，在云台上高声评论战功。

天子亲临殿堂赐给侯爵印信，将军佩戴着印信走出明光宫。

【赏析】

这组诗的第一首，写少年游侠欢聚痛饮。开头以“美酒”领起，写出慷慨好客、纵情欢乐的盛况。游侠之饮原非独酌遣闷，其倜傥意气在大会宾客之际才得以充分表现。诗的前两句以“新丰美酒”烘染在前，“咸阳游侠”出场在后，而“多少年”则为全篇之纲。诗的后两句更进一层，写出少年游侠重友情、厚交谊的作风。即便是邂逅相逢的陌路人，杯酒之间也能成为意气相投的知己，表现了他们同声相应的热情。

第二首，写游侠出征边塞。这首诗里所说的“仕汉”“骠骑”，以及下面两首诗里出现的“五单于”“汉家君臣”等，都是借汉事喻唐。这里说少年委身事君，入仕之初便担任了羽林郎的职务。羽林郎宿仗卫内，亲近帷幄，地位十分重要，故非等闲之辈可以入选。“骠骑”指汉武帝时的名将霍去病，曾多次统率大军反击匈奴侵扰，战功显赫。少年报国心切，一旦国家有事，便毫不犹豫地随军出征。边关是遥远荒寒的，沙场的搏杀更是出生入死，而主人公“明知山有虎，偏向虎山行”，这种为国献身的精神，和曹植的《白马篇》里“捐躯赴国难，视死忽如归”的少年英雄是一脉相承的。

第三首，写少年英勇杀敌。诗人将主人公置于孤危险恶的战争情势之中。“虏骑千重”，指敌人大军压境，形成包围之势；众敌首倾巢出动，来势汹汹，企图以优势兵力取胜。而少年以“一身”对“千重”之敌，竟能左右驰突于敌阵之中，如入无人之境，且能擒贼先擒王，将凶蛮剽悍的敌首“纷纷射杀”，其过人的胆略和武艺已分明可见。这里把少年写成孤胆英雄，意在突出他的勇冠三军、战功卓著。诗的一、三两句，以特写镜头为少年英武矫健的身姿写照：“擘两雕弧”，言其多力善射，能左右开弓；“偏坐金鞍”，言其鞍马功夫娴熟，能在疾驰的马背上自如地变换各种姿势；“调白羽”则是善于在各种姿势中瞄准目标，箭无虚发。二、四两句，从对方着笔来反衬少年的艺高胆大。敌我双方的力量愈是悬殊，也就愈能表现主人公无所畏惧的英雄气概，而这种气概，又正来自其置生死于度外的献身精神。这样，这首诗就和上一首彼此呼应，并为下一首写功高不赏张本。

第四首，写游侠功成无赏。上一首诗既已写到少年游侠的勇却群敌，那么这一首写朝廷论功行赏，他也理应是受奖的主角了。诗的前三句，极写庆功仪式的隆重和气氛的热烈：君臣欢宴、云台论功、天子临轩、封侯赐爵。正当期待中的主角出场时，领赏者却突然变成了“将军”。这里的“将军”和第二首“初随骠骑战渔阳”里的“骠骑”，应该是一人，指军中的主帅。“将军佩出明光宫”，也即李白《塞下曲》其三所云：“功成画麟阁，独有霍嫖姚。”意谓受皇帝宠信的权贵坐享其成，而血战的勇士反遭冷落。诗以烘云托月的手法反复渲染，到头来却翻作他人；而活跃在前三首诗里的主角被悄无声息地推到了局外。这种欲抑故扬的艺术处理，使诗中的不平之鸣得以强有力的表现，这里再加申说，反而是多余的了。

王维的《少年行》组诗，以浪漫的笔调，讴歌了慷慨豪爽、舍身报国、崇尚事功和功成不居的侠士精神，表现出强烈的英雄主义色彩。他笔下的少年游侠形象，和盛唐其他诗人创造的形象一样，实际上是时代理想的人格化写照。这四首绝句独自成篇，各有侧重，但又蝉联而下，互相补充和照应。用笔或实或虚，或显或隐，舒卷自如，不拘一格，成功地谱写了一支朝气蓬勃、富有青春旋律的进行曲。

泊秦淮

杜　牧

【作者简介】

杜牧（803—约853），字牧之，号樊川居士。因曾任中书舍人，中书省别名紫微省，故人称“杜紫微”。京兆万年（今陕西西安）人，晚唐诗人。与李商隐合称“小李杜”。

杜牧出生于诗书之家，其祖父杜佑不仅官至宰相，而且是一位博古通今的大学者，著有二百卷的《通典》，这给自幼好学的杜牧打下了深厚的家学功底。早在参加科举考试之际，杜牧就以一篇《阿房宫赋》名震朝野。太学博士吴武陵读罢，对其击掌称好，甚至向主考官登门直荐。

杜牧是杰出的诗人、散文家，唐文宗大和二年（828）中进士，授弘文馆校书郎，最终官至中书舍人。他的作品尤以七言绝句著称，内容以咏史抒怀为主。

【原文】

烟笼寒水月笼沙，夜泊秦淮近酒家。
商女不知亡国恨，隔江犹唱后庭花。

【译文】

浩渺寒江之上弥漫着迷蒙的烟雾，皓月的清辉洒在白色沙渚之上。入夜，我将小舟泊在秦淮河畔，临近酒家。

金陵歌女似乎不知何为亡国之恨、黍离之悲，竟依然在对岸吟唱着淫靡之曲《玉树后庭花》。

【赏析】

秦淮，即秦淮河，发源于江苏溧水东北，横贯金陵（今江苏南京）入长江。六朝至唐代，金陵秦淮河一带一直是权贵富豪游宴取乐之地。这首诗是诗人夜泊秦淮时触景感怀之作，于六代兴亡之地的感叹中，寓含忧念现世之情怀。

本诗即景生情，诗人通过写夜泊秦淮的所见所闻所感，揭露了晚唐统治者沉溺声色、醉生梦死的腐朽生活。诗人夜泊秦淮，在茫茫沙月、迷蒙烟水中，眼见灯红酒绿，耳闻淫歌艳曲，不禁触景生情，顿生家国之思，将对历史的咏叹与对现实的思考紧密结合，从陈后主荒淫亡国的历史联想到江河日下的晚唐命运。全诗寓情于景，意境悲凉，感情深沉含蓄，语言精当洗练，沈德潜称其为“绝唱”。

夏日绝句

李清照

【作者简介】

李清照（1084—1155），号易安居士，汉族，山东省济南章丘人。宋代（南北宋之交）女词人，婉约词派代表，有“千古第一才女”之称。所作词，前期多写其悠闲生活，后期多悲叹身世，情调感伤。形式上善用白描手法，自辟途径，语言清丽。论词强调协律，崇尚典雅，提出词“别是一家”之说，反对以作诗文之法作词。能诗，但留存不多，部分篇章感时咏史，情辞慷慨，与其词风不同。有《易安居士文集》《易安词》，已散佚。后人有《漱玉词》辑本。今有《李清照集校注》。

李清照作为中国古代文学史上少有的女诗人，其作品中所体现的爱国思想，具有积极的社会意义。

李清照的爱国思想，代表了中国古代广大妇女追求男女平等、关心国事、热爱祖国的一个侧面，让后人从中看到了中国古代女性情感世界的另一面。而且，她还在众多爱国作家中，为女性争得了一席之地。不仅如此，李清照还开创了女诗人爱国主义创作的先河，为后世留下了一个爱国女性的光辉典范，特别是对现代女性文学的创作产生了重大影响。从现实的角度认识李清照的爱国思想，能感受到女性在国家统一、民族团结以及社会进步等方面的巨大贡献。这对于在弘扬爱国主义，高举爱国大旗，促进民族团结、国家统一和振兴中华时充分发挥妇女的社会作用，具有十分重大的意义。

【原文】

生当作人杰，死亦为鬼雄。

至今思项羽，不肯过江东。

【译文】

生时应当做人中豪杰，死后也要做鬼中英雄。

直到今天，人们还在怀念项羽，因为他不肯苟且偷生，退回江东。

【赏析】

李清照这首诗，手起笔落处，端正凝重，力透胸臆，直指脊骨。“生当作人杰，死亦为鬼雄”，这不是几个字的精致组合，不是几个词的巧妙润色；是一种精髓的凝练，是一种气魄的承载，是一种所向无惧的人生姿态。那种凛然风骨、浩然正气，充斥天地之间，直令鬼神陡然变色。

这首诗起调高亢，鲜明地提出了人生的价值取向：人活着就要做人中的豪杰，为国家建功立业；死也要为国捐躯，成为鬼中的英雄。爱国激情，溢于言表，在当时确有振聋发聩的作用。南宋统治者不管百姓死活，只顾自己逃命，抛弃中原河山，苟且偷生。因此，诗人想起了项羽。项羽突围到乌江，乌江亭长劝他急速渡江，回到江东，重整旗鼓。项羽自己觉得无脸见江东父老，便回身苦战，杀死敌兵数百，然后自刎。诗人鞭挞南宋当权派的无耻行径，借古讽今，正气凛然。全诗仅20个字，连用了3个典故，但无堆砌之弊，因为这都是诗人的心声。如此慷慨雄健、掷地有声的诗篇，出自女性之手，实在是压倒须眉了。

书　愤

陆　游

【作者简介】

陆游（1125—1210），字务观，号放翁。汉族，越州山阴（今浙江绍兴）人，南宋著名诗人。

陆游出生于一个由“贫居苦学”而仕进的官宦家庭。他的高祖是宋仁宗时的太傅陆轸，祖父陆佃，父亲陆宰。他诞生于宋金战争的烽火之中，从小饱尝了颠沛流离的痛苦，同时也受到了父亲陆宰等士大夫爱国思想的熏陶，形成了忧国忧民的思想。高宗时应礼部试，名列榜首却为秦桧所黜。孝宗时赐进士出身。中年入蜀，投身军旅，官至宝章阁待制。晚年，退居家乡。陆游创作的诗歌，现存九千多首，内容极为丰富，并著有《剑南诗稿》《渭南文集》《南唐书》《老学庵笔记》等。

【原文】

早岁那知世事艰，中原北望气如山。
楼船夜雪瓜洲渡，铁马秋风大散关。
塞上长城空自许，镜中衰鬓已先斑。
出师一表真名世，千载谁堪伯仲间！

【译文】

年轻时，我就立志北伐中原，哪想到竟然如此艰难。我常常北望那中原大地，收复失地的意志坚定如山。

记得在瓜洲渡痛击金兵，雪夜里飞驰着楼船战舰。秋风中，跨战马纵横驰骋；收复了大散关，捷报频传。

想当初，我自比万里长城，立壮志为祖国扫除边患。到如今，垂垂老矣，鬓发如霜，盼北伐、盼恢复都成空谈。

不由人缅怀那诸葛孔明，《出师表》真可谓名不虚传。有谁能像诸葛亮那样，鞠躬尽瘁，率三军复汉室，北定中原。

【赏析】

全诗紧扣一个“愤”字而写，既追怀往事，又立誓报国。

“早岁那知世事艰，中原北望气如山。”想当年，诗人北望淮河以北沦陷在金人手中的地区，收复失地的豪情壮志坚定如山，却未曾想过杀敌报国之路会如此艰难。诗人开篇自问，问出几多郁愤。

“楼船夜雪瓜洲渡，铁马秋风大散关。”诗人追忆往事。前句写的是诗人四十岁任镇江通判时的事。当时，右丞相张浚督视江淮兵马，过镇江，非常赏识陆游。张浚积极训练军马，防敌备战。当时，楼船横江，往来于建康、镇江之间，军容甚壮。但朝廷偏向于议和，张浚处境艰难，后被罢相。诗人收复失地的愿望落空。后句写的是诗人四十八岁时在陕南汉中的经历。当时，诗人入四川宣抚使王炎幕府，活跃在大散关前线，曾经与金兵交战。但后来王炎被调回临安，北征又一次成为泡影。诗人杀敌复国的豪情壮志屡屡不得实现。由此可见，这两句中包含了诗人多少的激愤。

“塞上长城空自许，镜中衰鬓已先斑。”“塞上长城”，化用南朝宋名将檀道济的事迹。檀道济率兵伐北魏，屡次建功，后遭猜忌被杀。他被拘捕前曾说：“乃坏汝万里长城！”诗人自比为“塞上长城”，毕生志在抗御金兵、收复失地，奈何屡遭贬谪与排挤，也只能是空自期许。诗人对镜自照，眼前自己已两鬓斑白，然而壮志未酬，怎能不令人深感忧愤。

“出师一表真名世，千载谁堪伯仲间！”尾联用典明志。诗人通过引用诸葛亮的典故，追慕先贤的业绩，表明自己的爱国热情至老不移，渴望效法诸葛亮，施展抱负。

《书愤》是陆游的七律名篇，全诗感情沉郁，气韵浑厚。中两联属对工稳，尤以颔联“楼船”“铁马”两句，雄放豪迈，为人们广泛传诵。

江城子·密州出猎

苏 轼

【作者简介】

苏轼（1037—1101），北宋文学家、书画家、美食家；字子瞻，号东坡居士；四川眉山人，一生仕途坎坷。苏轼天资极高，学识渊博，诗文书画皆精。其文汪洋恣肆，明白畅达，与欧阳修并称“欧苏”，为“唐宋八大家”之一；

其诗清新豪健，善用夸张、比喻，艺术表现独具风格，与黄庭坚并称“苏黄”；其词开豪放一派，对后世有巨大影响，与辛弃疾并称“苏辛”；其书法以行书、楷书见长，能自创新意，用笔丰腴跌宕，有天真烂漫之趣，与黄庭坚、米芾、蔡襄并称“宋四家”；其画学文同，论画主张神似，提倡“士人画”。著有《苏东坡全集》和《东坡乐府》等。

【原文】

老夫聊发少年狂，左牵黄，右擎苍，锦帽貂裘，千骑卷平冈。为报倾城随太守，亲射虎，看孙郎。

酒酣胸胆尚开张，鬓微霜，又何妨？持节云中，何日遣冯唐？会挽雕弓如满月，西北望，射天狼。

【译文】

我姑且抒发一下少年的豪情壮志，左手牵着黄狗，右臂擎着苍鹰，戴着华美鲜艳的帽子，穿着貂皮做的衣服，带着浩浩荡荡的军队，疾风般席卷平坦的山冈。为了报答满城的人跟随我出猎的盛情厚意，我要像孙权一样，亲自射杀猛虎。

我痛饮美酒，心胸开阔，胆气更为豪壮，虽然两鬓微微发白，但这又有何妨？什么时候皇帝会派人下来，就像汉文帝派遣冯唐去云中赦免魏尚的罪一样呢？我将使尽力气拉满雕弓，就像满月一样，朝着西北方向瞄望，射向西夏军队。

【赏析】

这首词是苏轼豪放词中较早之作，作于公元1075年（熙宁八年）冬。当时，苏轼任密州知州。

这首词起句陡兀，用一“狂”字笼罩全篇，借以抒发一腔磊落之气。苏轼正值盛年，不应言老，却自称“老夫”，又言“聊发”，与“少年”二字形成强烈反差，鲜明地流露出他内心郁积的情绪。他左手牵着黄狗，右手举着猎鹰，头戴锦绣的帽子，身披貂皮的外衣，一身猎装，气宇轩昂，何等威武。“千骑卷平冈”，着一“卷”字，突出地表现了太守率领的队伍势如磅礴倾涛，何等雄壮。全城的百姓都来看他们爱戴的太守行猎，可谓万人空巷。这是怎样一幅声势浩大的行猎图啊！太守备受鼓舞，气冲斗牛，为了报答百姓随行出猎的厚意，决心亲自射杀老虎，让大家看看孙权当年搏虎的雄姿。上阕写出猎的壮阔场面，豪兴勃发，气势恢宏，表现出作者壮志凌云的英雄气概。

下阕承前进一步写“老夫”的“狂”态。出猎之际，痛痛快快喝了一顿酒，意兴正浓，胆气更壮，尽管“老夫”老矣，鬓发斑白，又有什么关系。以“老”衬“狂”，更表现出作者壮心未已的英雄本色。北宋仁宗、神宗时代，国力不振，国势羸弱，时常受到辽和西夏的侵扰，令许多尚气节之士义愤难平。想到国事，想到自己怀才不遇、壮志难酬的处境，于是苏轼借出猎的豪兴，将深隐心中的夙愿和盘托出，不禁以西汉魏尚自况，希望朝廷能派遣冯唐一样的使臣，前来召自己回朝并委以重任（这里作者用了一个典故。《史记·张释之冯唐列传》记载：汉文帝时，魏尚为云中太守，抵御匈奴有功，只因报功时少报了六个首级而获罪削职。后来，文帝听从了冯唐的劝谏，派冯唐持符节到云中去赦免了魏尚）。其“狂”字下面潜含的赤诚令人肃然起敬。

“会挽雕弓如满月，西北望，射天狼。”“天狼”，喻指辽和西夏。作者以形象的描画，表达了自己渴望一展抱负，杀敌报国，建功立业的雄心壮志。下阕借出猎表达了自己强国抗敌的政治主张，抒发了渴望报效朝廷的壮志豪情。

这首词场面壮观，意境恢宏，气势雄迈，感情纵横奔放，是宋词豪放派的名篇。

阅读链接

吟诗赴宴

相传苏轼二十岁的时候，到京师去科考，有六个自负的举人看不起他，决定备下酒菜请他赴宴，打算在宴席上戏弄他。苏轼受邀后，欣然前往。入席尚未动筷子，一举人提议行酒令，酒令内容必须引用历史人物和事件，这样就能独吃一盘菜。其余五人应声叫好。

“我先来。”年纪较长的说，“姜子牙渭水钓鱼！”说完捧走了一盘鱼。

“秦叔宝长安卖马！”第二位神气地端走了马肉。

“苏子卿贝湖牧羊！”第三位毫不示弱地拿走了羊肉。

“张翼德涿县卖肉！”第四个急吼吼地伸手把肉扒了过来。

“关云长荆州刮骨！”第五个迫不及待地抢走了骨头。

“诸葛亮隆中种菜！”第六个傲慢地端起了最后的一盘青菜。

菜全部分完了，正当六个举人兴高采烈地准备边吃边嘲笑苏轼时，苏轼却不慌不忙地吟道：“秦始皇并吞六国！”说完把六盘菜全部端到自己面前，微笑道：“诸位兄台请啊！”六举人瞬间呆若木鸡。

南安军

文天祥

【作者简介】

文天祥（1236—1283），字履善，又字宋瑞，自号文山，浮休道人。吉州庐陵（今江西吉安县）人，南宋末大臣，文学家。宝祐四年（1256）进士，官到右丞相兼枢密使。到元军的军营中谈判时，被扣留。后脱险，经高邮嵇庄到泰县塘湾，由南通南归，坚持抗元。景炎三年（1278），兵败，被张弘范俘虏，在狱中坚持斗争三年多，后在柴市从容就义。著有《过零丁洋》《文山先生全集》《指南录》《指南后录》《正气歌》等作品。

【原文】

梅花南北路，风雨湿征衣。
出岭同谁出？归乡如不归！
山河千古在，城郭一时非。
饿死真吾志，梦中行采薇。

【译文】

走在大庾岭南北的路上，一路上风风雨雨，兵丁的衣服都被打湿了。

当初走出大庾岭的时候有哪些同伴呢？如今归来，却成为敌军的俘虏。

不过，祖国的大好河山千年万世永存，城郭沦于异族只是暂时的。

现在，我只想着能够绝食，这才是我真正的志愿，即使是在梦中，也要学伯夷、叔齐，采薇菜充塞饥肠。

【赏析】

从这首诗作中，我们能够看到，诗人被元军俘虏后，依然保留在心中的那份深厚的爱国情感和他日必定复国的坚定信念。

诗作的前两句“梅花南北路，风雨湿征衣”，点明了诗人被俘北上行程中的地点和景色。诗人此时正行至南安军，跨越大庾岭（梅岭）的南北两路。大庾岭上多植梅花，故又称为梅岭。此处用梅岭来描述，是为了和下句相映照。“风雨湿征衣”，在梅花的摇曳中，一路上的风风雨雨把兵士们的衣服都打湿了。可见，行程是艰辛的，而诗人的内心是沉重而苦涩的。

紧接着，诗人把这种沉重的情绪转移到自己的孤寂落寞之上。“出岭同谁出？归乡如不归！”此时，诗人不禁想到，当时离开家乡的时候有很多的同伴相随。如今，路过家乡，却已经失去了自由身，不能回乡看望，所以才说虽经故乡而犹如不归。诗人的悲苦心情可想而知。

事实上，诗人文天祥仍有一种积极昂扬的斗志和乐观自信的精神。“山河千古在，城郭一时非。”上句化用了伟大爱国诗人杜甫的名句“国破山河在”。在诗人的心中，此时南宋虽然岌岌可危，也随时都可能沦陷，但是宋朝的大好河山是不会消亡的。下句则化用了丁令威《化鹤歌》中“城郭如故人民非”的句意。也就是说，即使宋朝灭亡了，宋朝一代又一代的爱国之士、有志青年也一定还会继续反抗，继续斗争，从而复国雪耻，光复山河。从这两句诗中，我们能够感受到诗人强烈的爱国情怀以及他日复国的坚定信念。

“饿死真吾志，梦中行采薇。”这里，诗人借用了“采薇”的典故，表明了自己的态度，想要以死来守护自己的理想。《史记》记载，商朝灭亡后，宗室伯夷、叔齐二人，不食周粟，于是逃进首阳山，采薇菜充饥，最终饿死在山上。可见，诗人对于国家有坚贞的信念和无可替代的情感。

总之，在这首诗中，我们看到了诗人文天祥誓死不屈的忠贞爱国之情和强烈的复国愿望。这首诗曾激励了无数的爱国青年和有志之士。

金错刀行

陆　游

【作者简介】

见本章《书愤》的作者简介。

【原文】

黄金错刀白玉装，夜穿窗扉出光芒。
丈夫五十功未立，提刀独立顾八荒。
京华结交尽奇士，意气相期共生死。
千年史册耻无名，一片丹心报天子。
尔来从军天汉滨，南山晓雪玉嶙峋。
呜呼！楚虽三户能亡秦，岂有堂堂中国空无人！

【译文】

用黄金镀饰、白玉镶嵌的宝刀，到夜间，它耀眼的光芒，穿透窗户，直冲云霄。

大丈夫已到了五十岁，可建功立业的希望渺茫，只能独自提刀徘徊，环顾着四面八方，祈求能一展抱负。我在京城里结交的都是些豪杰义士，彼此意气相投，相约为国战斗，同生共死。

不能在流传千年的史册上留名，让我感到羞耻，但一颗丹心始终想消灭胡虏，报效天子。

近来，我来到汉水边从军，每天早晨都对着参差耸立的终南山，遥望着布满晶莹似玉般积雪的峰峦。

啊，楚国虽然被秦国蚕食，但即使剩下三户人家，也一定能消灭秦国，难道我泱泱大国，竟然没有一个能人把金虏赶出边关？

【赏析】

这是一首七言歌行。歌行体诗往往转韵，此诗在用韵上是四句一转，与诗人情感表达的流泻起伏变化相适应，读起来抑扬顿挫。

陆游生活在国家危机深重的时代。南宋国势衰微，恢复大业屡屡受挫，让抗金志士切齿扼腕。陆游年轻时就立下了报国志向，但无由请缨。他在年将五十时获得供职抗金前线的机会，亲自投身到火热的军旅生活中去，大大激发了他心中蓄积已久的报国热忱。于是他借金错刀来述怀言志，抒发了誓死抗金、抗金必胜的壮烈情怀。这种光鉴日月的爱国主义精神，永远具有鼓舞人心、催人奋起的巨大力量。

过零丁洋

文天祥

【作者简介】

见本节《南安军》作者简介。

【原文】

辛苦遭逢起一经，干戈寥落四周星。
山河破碎风飘絮，身世浮沉雨打萍。
惶恐滩头说惶恐，零丁洋里叹零丁。
人生自古谁无死？留取丹心照汗青。

【译文】

回想我早年由科举入仕历尽辛苦，如今战火消歇已熬过了四个年头。

国家危在旦夕恰如狂风中的柳絮，个人又哪堪言说似骤雨里的浮萍。

惶恐滩的惨败让我至今依然惶恐，零丁洋身陷元虏可叹我孤苦伶仃。

人生自古以来有谁能够长生不死？我要留一片爱国的丹心映照史册。

【赏析】

南宋末年，文天祥在潮州与元军作战被俘。途经零丁洋时，元军逼迫他招降坚守崖山的宋军，文天祥誓死不从，出示此诗以明志。文天祥在这首诗中通过追忆自己抗元的艰辛经历，既叹国运又叹自身，把国家之恨、艰危困厄渲染到极致，又表达了自己的忧国之痛和愿意以死明志、为国捐躯的豪情壮志。

此诗前两句，诗人回顾平生；中间四句紧承“干戈寥落”，明确表达了诗人对当前局势的认识；末两句是诗人对自身命运的一种毫不犹豫的选择。全诗表现了诗人慷慨激昂的爱国热情和视死如归的高风亮节，以及舍生取义的人生观，是中华民族传统美德的崇高表现。

“辛苦遭逢起一经，干戈寥落四周星”中的“起一经”，当指文天祥二十岁中进士；“四周星”即四年。文天祥于德祐元年（1275）起兵勤王，至景炎三年（1278）被俘，恰好四个年头。此自述生平，思今忆昔。从时间上而言，拈出“入世”和“勤王”，一说个人出处，一说国家危亡，两件大事。唐宋时期，作为知识分子要想保家卫国，必须通过科举考选，考选就得读经。文天祥遇难时，衣带中所留自赞文说“读圣贤书，所学何事？而今而后，庶几无愧”，就是把这两件事联在一起的。圣人著作就叫经，经是治国安邦的。

“山河破碎风飘絮，身世浮沉雨打萍。”这是从国家和个人两方面展开和深入加以铺叙。宋朝自临安弃守，恭帝赵㬎被俘，事实上已经灭亡，剩下的只是各地方军民自动组织起来的抵抗。文天祥、张世杰等人拥立的端宗赵昰，于逃难中惊悸而死。陆秀夫复立八岁的赵昺建行宫于崖山，各处流亡。用“山河破碎”形容这种局面，再加上“风飘絮”，更加形象生动。此时的文天祥，母亲被俘，妻妾被囚，大儿丧亡，真似水上浮萍，无依无附了。

“惶恐滩头说惶恐，零丁洋里叹零丁。”诗人继续追述今昔不同的处境和心情，昔日惶恐滩边，忧国忧民，诚惶诚恐；今天零丁洋上孤独一人，自叹伶仃。惶恐滩是赣江十八滩之一，水流湍急，令人惊恐，也叫皇恐滩。惶恐滩原名黄公滩，因读音相近，讹为惶恐滩。惶恐滩在今江西省万安县境内的赣江中，文天祥起兵勤王时曾路过这里。零丁洋在今广东省珠江 7500 米外的崖山外面，现名伶仃洋，文天祥兵败被俘，押送过此。前者为追忆，后者乃当前实况，两者均是诗人亲身经历。一为战将，一为阶下囚。作战将时，面对强大的敌人，恐不能完成守土复国的使命，惶恐不安；今为阶下囚，孤苦伶仃，只有一人。“风飘絮”“雨打萍”“惶恐滩”“零丁洋”都是眼前景物，信手拈来，对仗工整，出语自然，形象生动。

“人生自古谁无死？留取丹心照汗青。”接着，诗人笔势一转，忽然宕进，由现在渡到将来，拨开现实，露出理想，如此结语，有如撞钟，清音绕梁。全诗格调，顿然一变，由沉郁转为开拓、豪放、洒脱。末两句以磅礴的气势、高亢的情调收束全篇，表现了诗人的爱国之情和舍生取义的生死观。在文天祥身上，作诗与做人、诗格与人格，浑然一体。《过零丁洋》之千秋绝唱，情调高昂，激励和感召古往今来无数志士仁人为正义事业英勇献身。

赴戍登程口占示家人（其二）

林则徐

【作者简介】

林则徐（1785—1850），字元抚，福建省侯官人，是清朝时期的政治家、思想家和诗人。他主张严禁鸦片，是中国的民族英雄。林则徐一生力抗西方入侵，但对于西方的文化、科技和贸易则持开放态度，主张学其优而用之。林则徐抗英有功，却遭投降派诬陷。道光二十一年五月初十日（1841年6月28日），道光皇帝下旨，革去林则徐“四品卿衔”“从重发往新疆伊犁，效力赎罪”。林则徐忍辱负重，在古城西安与妻子离别赴伊犁时，满腔愤怒，写下此诗。到新疆后，林则徐不顾年高体衰，从伊犁到新疆各地“遍行三万里”，实地勘察了南疆八个城，加深了对西北边防重要性的认识。当时，外刊曾报道沙俄进攻南亚和向外扩张的野心，林则徐就根据这些报道译文，亲自复按地图，并在译文后附按指出沙俄向南扩张将会对我国西南边陲的西藏带来威胁。这些国际知识有效地促成了林则徐抗英防俄的国防思想，成为中国近代“防塞论”的先驱。于是，他明确向伊犁将军布彦泰提出“屯田耕战”，有备无患。他还领导群众兴修水利，推广坎儿井和纺车。后来，人们为纪念林则徐的功绩，将其称为“林公井”“林公车”。

【原文】

力微任重久神疲，再竭衰庸定不支。
苟利国家生死以，岂因祸福避趋之。
谪居正是君恩厚，养拙刚于戍卒宜。
戏与山妻谈故事，试吟断送老头皮。

【译文】

我能力低微而肩负重任，早已感到精疲力尽。一再担当重任，以我衰老之躯、平庸之才，是定然不能支撑了。

如果对国家有利，我将不顾生死，难道能因为有祸就躲避、有福就上前迎受吗？

我被流放伊犁，正是君恩高厚。我还是退隐不仕，当一名戍卒适宜。

我开着玩笑，同老妻谈起《东坡志林》所记载的宋真宗召对杨朴和苏东坡赴诏狱的故事，说你不妨吟诵一下“这回断送老头皮”那首诗来为我送行。

【赏析】

道光二十二年（1842）八月，诗人因查禁鸦片、抵抗英军侵犯而被腐败无能的清廷革职充军，在由西安启程前往新疆伊犁时，口占了两首诗，留别家人。这是其中的一首。对仗工稳而灵活是此诗写作技巧上的一个特点。如，以“国家”对“祸福”，以“生死”对“避趋”，按词性来说，都是正对。“生死以”的“以”字作“为”解，是动词；而“之”字是虚词。作者既用“以”字的实词义表达思想内容，又借它的虚词义来与“之”字构成对仗，显示了诗人驾驭文字的深厚功力。

全诗闪耀着爱国主义思想的光芒。尤其是颔联，是全诗的思想精华之所在，它表现了林则徐刚正不阿的高尚品德和忠诚无私的爱国情操，成为百余年来广为传诵的名句。

菩萨蛮·寄女伴

秋　瑾

【作者简介】

秋瑾（1875—1907），女，浙江绍兴人，中国女权和女学思想的倡导者，近代民主革命志士，对妇女解放运动的发展起到了巨大的推动作用。1907 年 2 月，秋瑾回浙江接任绍兴大通学堂督办，与徐锡麟共筹在皖、浙两地发动武装起义。7 月 6 日安庆起义失败，7 月 14 日清兵包围大通学堂，秋瑾不幸被捕，7 月 15 日从容就义于绍兴轩亭口。秋瑾善诗歌，亦能词。作品宣传资产阶级民主革命，体现了爱国精神，笔调雄健，感情奔放。

【原文】

寒风料峭侵窗户，垂帘懒向回廊步。月色入高楼，相思两处愁。

无边家国事，并入双蛾翠。若遇早梅开，一枝应寄来！

【译文】

寒冷的风吹入窗户，懒得去垂帘之外的走廊散步。月光照入高高的阁楼，相思却要平添两处闲愁。

心中无边无际的家国之事，一起并入双眉之中。若能遇见家乡早梅绽放，应尽早寄来一枝，以解我相思之苦！

【赏析】

《菩萨蛮·寄女伴》是秋瑾于民国时期创作的一首词。菩萨蛮，词牌名，本为唐朝教坊曲，《宋史·乐志》称为“女弟子舞队名”。唐苏鄂《杜阳杂编》称，唐宣宗大中年间，女蛮国遣使者进贡，她们身上披挂着珠宝，梳着高高的发髻，号称菩萨蛮队。当时，教坊就因此制成《菩萨蛮曲》，于是“菩萨蛮”就成了词牌名。

这首词表达了作者对女友的思念之情，同时也表现了对国家命运的关注和忧虑。词中语意双关，寄喻颇深。“若遇早梅开，一枝应寄来”，含蕴无限，极富情味。全词独具风格，不落俗套。

第二节　爱国小故事

苏武不辱使命

苏武是汉朝时期的一位官员。有一年，他作为汉朝的使臣到北方匈奴人那里办事。不料，匈奴人违背诺言，扣留了他，还劝他投降。苏武严词拒绝，说：“我奉国家命令出使匈奴，丧失气节就是污辱了使命，丢大汉朝的脸。我如果那样，还有什么脸见人！”匈奴人用刀威胁他，他索性把脖子伸过去，宁死不从。

匈奴人把他放进地窖，不给吃喝，他就吃羊皮、吃雪，顽强地活着。匈奴人又把他送到遥远的北海（今贝加尔湖），叫他放羊，说不投降就让他在那里待一辈子。苏武没有忘记自己是汉朝的使臣，代表着国家。他坚决不做有辱国格的事，宁肯每天挖野菜，吃田鼠，受冷挨饿，也不向匈奴人央求什么。而且，那根代表汉朝、表明使者身份的“使节”（一根长棍，上面挂着穗子），他一直放在身边，放羊的时候也拿在手中。天长日久，“使节”上的穗子都掉光了，他仍然紧握不放。

苏武在匈奴度过了19个年头，始终没有屈服，匈奴人只好放他回汉朝。他维护了国家的尊严，受到人们的尊敬。

冯子材大振国威

1884年，法国侵略军通过越南向我国广西边境进犯，还一度打进了镇南关（今友谊关），想夺占我国广西、云南的大片土地。就这样，中法战争爆发了。当时，已经年近七十的老将冯子材，不顾年老体病，毅然重返前线，率军与侵略者在镇南关展开战斗。

法军烧毁了镇南关，使中国军队无关可守，冯子材就下令建起一道长墙作为屏障。1885年3月的一天，法军在大炮的掩护下，向长墙扑了过来。冯子材大声喊道：“如果法寇入关，我等有何面目见两广父老！”在冯子材的带动下，将士们杀出长墙，与敌人激战到夜晚，终于击退了入侵者。第二天，法军又来进攻，有的已经越过了长墙。在这紧要关头，冯子材大喝一声：“跟我来！”他身穿布衣，脚穿草鞋，跳出长墙，和敌人拼杀起来。将士们见老将军如此英勇，激动万分，争先恐后，呐喊着冲了上去，杀得敌人胆战心惊。

镇南关一仗，中国军队取得了完全的胜利，保卫了祖国的南疆。冯子材在反侵略斗争中立了大功。

颜真卿为国殉难

唐朝的时候，有个地方官叫李希烈，为实现个人野心，发动叛乱，四处烧杀抢掠，使百姓遭难，国家也蒙受了损失。当朝宰相就向皇帝建议，让太师颜真卿去劝说李希烈归顺朝廷。皇帝同意了，就让年过七旬的颜真卿去见李希烈。其实，这是宰相出的坏主意。因为颜真卿为人正直，不肯巴结讨好，得罪了宰相。宰相明知李希烈不会归顺，却让颜真卿去劝降，想借刀杀人。颜真卿也深知此去凶多吉少，可为了国家的安宁，他毫不犹豫地去了。

果然，李希烈见到颜真卿，立刻让部下拔出刀，围着他破口大骂，说要吃他的肉。颜真卿挺身屹立，怒视着叛贼。李希烈等人劝他投降，他说：“我来劝你们投降，你们反来劝我，我岂能受你们的利诱威胁。我快80岁了，还怕死吗？”李希烈命人挖了坑，要活埋他。颜真卿冷笑说：“我既然敢来，就不怕死，要杀就杀！”他为自己写好了祭文和墓志，做好了死的准备。

过了些日子，李希烈又叫人堆上柴草，点着火，对颜真卿说：“不投降就烧死你！”颜真卿视死如归，毫不犹豫地向火堆扑去，倒是那伙人吓得把他拉住了。李希烈见颜真卿软硬不吃，决定杀了他，派人去把他勒死。颜真卿就义前，仍大骂不止，表示自己为国尽忠决不屈服的意志。这位爱国老人最终为国家献出了自己的生命。

阅读链接

唐代名臣、书法家——颜真卿

颜真卿书法精妙，擅长行、楷。颜真卿的书法初学褚遂良，后又得笔法于张旭，还与怀素一起探讨书法。他对二王、褚遂良等书法都进行深入研究，吸取其长处，彻底摆脱了初唐的风范，创造了新的时代书风。颜真卿的书体被称为“颜体”，与柳公权并称“颜柳”，有“颜筋柳骨”之誉。

颜真卿是书坛“亚圣”，打破了唐代初期书坛弥漫的妍美之气，以雄健高古的笔法，开辟新的风尚。《兰亭序》被誉为“天下第一行书”，《祭侄文稿》则是“天下第二行书”。两件作品前者以潇洒流美著称，后者则是以纵笔豪放、气势磅礴夺人心魄，更具有视觉冲击力。相较于《兰亭序》历来存在真伪之辨，《祭侄文稿》就显得“靠谱得多”。此作写于唐乾元元年（758），当时颜真卿得知侄子颜季明头颅被找到，悲愤之下写下了这首祭文。

《祭侄文稿》递藏有序，现藏于台北“故宫博物院”。而在1900年时，人们还在敦煌莫高窟藏经洞内，发现了《祭侄文稿》手稿残卷。相比于台北藏本，这件残卷书写更为真实自然，它揭露了颜真卿书法的“不传之秘”，将篆籀笔法、折钗股、屋漏痕等技法纤毫毕现地表现出来。

岳飞抗金

岳飞是古代著名的爱国将领，生活在北宋和南宋交替的年代。当时，北方的金国出兵攻打宋朝，烧杀抢掠，遭到宋朝的反抗。从小就立志报国的岳飞参军入伍，决心反抗侵略，收复被金国夺占的土地。他训练出纪律严明、英勇善战的岳家军，在和入侵者的斗争中，屡建战功。

有一年，岳飞率军与金军在长江一带交战，打得敌人望风而逃，收复了江南重镇建康（今南京）。不久，他又率军收复了湖北、河南一部分失地，大大鼓舞了宋朝军民。可是皇帝宋高宗和奸臣秦桧一心想求和，竟答应向金国称儿称臣，每年进贡，换取可怜的“和平”。岳飞坚决反对，上书皇帝说：“和议不可靠，金人不可信，我请求率军北伐，收复失地。”

不久，金国果然撕毁和议，再次南侵。岳飞率领岳家军进行反击，直入中原。在郾城一战中，击垮了金国的主力军，又穷追不舍，到达了离故都汴京（今开封）不远的朱仙镇。金军统帅兀术（wùzhú）哀叹说：“这是开战以来，最惨的败仗啊！”于是只好率部下渡过黄河，往北逃去。岳飞也准备渡河北上，彻底打败敌人，收复北方。不料，宋高宗听了秦桧的话，连下十二道金牌命令岳飞撤军，不准再打。后来，秦桧又诬告岳飞谋反，害死了这位大英雄。岳飞抗金虽然没有最后成功，可他的斗争业绩将永载史册，受到人民的怀念。

邓世昌献身大海

自古以来，牺牲在战场上，一直是爱国军人引以为豪的事。特别是那些明知死在眼前仍勇敢赴难的人，更令人崇敬。在中日甲午海战中牺牲的邓世昌就是这样的人。

邓世昌是我国最早的一批海军军官中的一位，是清朝北洋舰队中“致远号”的舰长。他有强烈的爱国心，常对士兵们说：“人谁无死？但愿我们死得其所，死得值！”1894年，中国和日本之间爆发了甲午战争。邓世昌多次表示：“如果在海上和日舰相遇，遇到危险，我就和它同沉大海！”

这年9月的一天，日本舰队突然袭击清朝舰队，一场海战打响了。清朝担任指挥的旗舰被击伤，大旗被击落。邓世昌立即下令在自己的舰上升起旗帜，吸引住敌舰。他指挥的“致远号”在战斗中最英勇，连连击中日舰。日舰包围过来，“致远号”受了重伤，开始倾斜，炮弹也打光了。邓世昌感到最后时刻到了，他对部下说：“今天是到了为国牺牲的时候，就算是死了，也不能灭了我们海军的军威！”他下令开足马力向日舰“吉野号”冲过去，要和它同归于尽。这大无畏的气概把日本人吓呆了。

不幸的是，“致远号”中了鱼雷，船体爆炸，沉入海底，200多名官兵大部分牺牲。邓世昌曾被部下用救生圈救起，可他见部下都没有生还，毅然推开救生圈，沉入大海，献出了生命。

左宗棠保卫新疆

1865年，有个叫阿古柏的人带着军队侵入我国的新疆，妄图建立起一个“国家”。他的行动得到了英国人的支持，俄国也乘这个机会，出兵占领了我国的伊犁。这样，我国的西北边疆就出现了危机，新疆随时有被分割出去的可能。

当时，清朝政府腐败无能。执掌大权的李鸿章甚至主张放弃新疆，任凭侵略者占领。李鸿章的主张遭到爱国将领左宗棠的坚决反对。他上书皇帝说：“新疆是我国西北的屏障，绝不能放弃。如果不反击侵略，敌人会得寸进尺，国家将无宁日。我虽然老了又有病，可决心为国效力，去收复新疆。”清朝政府同意了，左宗棠率大军出了玉门关，又派出几员大将急速向新疆进军。将士们冒着风沙，长途跋涉，连续作战，很快收复了乌鲁木齐等城镇。俄国政府见形势不妙，就想趁阿古柏还没被完全消灭的时候，和他签订“边界条约”，割走中国大片领土。左宗棠命令部队马不停蹄，一鼓作气收复了新疆全境，阿古柏兵败自杀。英、俄两国夺取新疆的企图未能得逞。

后来，俄国又想通过条约，永远占领伊犁。左宗棠反对签订这种卖国条约，亲自领兵到了新疆。他叫人抬着一口棺木，准备和侵略者决一死战。左宗棠为祖国领土的完整，做出了不可磨灭的贡献。

名言警句

1. 先天下之忧而忧，后天下之乐而乐。

——范仲淹

2. 天下兴亡，匹夫有责。

——顾炎武

3. 人固有一死，或重于泰山或轻于鸿毛。

——司马迁

4. 小来思报国，不是爱封侯。

——岑参

5. 位卑未敢忘忧国。

——陆游

6. 拼将十万头颅血，须把乾坤力挽回。

——秋瑾

7. 寄意寒星荃不察，我以我血荐轩辕。

——鲁迅

8. 只解沙场卫国死，何须马革裹尸还！

——徐锡麟

9. 国仇未报心难死，忍作寻常泣别声？劝君莫惜头颅贵，留得中华史上名！

——何香凝

10. 钊自束发受书，即矢志于再兴民族之事业。

——李大钊

得百金者，不如得季布一诺
——诚信篇

『学习目标』

◎ 知识目标

1. 了解诚信篇中经典诗文和诚信小故事的内容和背景。

2. 掌握诚信在文学作品和故事中的表现方式和意义。

3. 理解诚信对于个人和社会的重要意义和价值。

◎ 能力目标

1. 能够分析和解读诚信篇中经典诗文和诚信小故事所传达的道德理念和人生智慧。

2. 能够将诚信的思想内化为自己的品格和行为，形成坚定的诚信意识。

3. 能够在现实生活中秉持诚信，做到言行一致，以身作则。

◎ 素质目标

1. 培养诚信为本的道德品质，树立诚实守信的行为准则。

2. 培养积极的人生态度和正确的价值取向，以诚信为基础，塑造自己的人格魅力。

3. 强化社会责任感，构建和谐的人际关系和社会环境。

第一节 经典诗文

史记·季布栾布列传（节选）

司马迁

【作者简介】

司马迁（前145—？），字子长，夏阳（今陕西韩城西南）人，一说龙门（今山西河津）人；中国西汉伟大的史学家、文学家、思想家；司马谈之子，任太史令，因替李陵败降之事辩解而受宫刑，后任中书令，发奋继续完成所著史籍，被后世尊称为“史迁”“太史公”“历史之父”。

司马迁早年受学于孔安国、董仲舒，漫游各地，了解风俗，采集传闻。初任郎中，奉使西南。元封三年（前108）任太史令，继承父业，著述历史。他以“究天人之际，通古今之变，成一家之言”的史识创作了中国第一部纪传体通史《史记》（原名《太史公书》）。《史记》被公认为中国史书的典范，记载了从上古传说中的黄帝时期，到汉武帝元狩元年，长达3000多年的历史，是“二十五史”之首。

《史记》对后世史学和文学的发展都产生了深远影响。其首创的纪传体编史方法为后来历代“正史”所传承。同时，《史记》还被认为是一部优秀的文学著作，在中国文学史上有重要地位，被鲁迅誉为“史家之绝唱，无韵之《离骚》”，有很高的文学价值。刘向等人认为，此书“善序事理，辩而不华，质而不俚”。

《史记》全书包括十二“本纪”（记历代帝王政绩）、三十“世家”（记诸侯国和汉代诸侯、勋贵兴亡）、七十“列传”（记重要人物的言行事迹，主要叙人臣，其中最后一篇为自序）、十“表”（大事年表）、八“书”（记各种典章制度，记礼、乐、音律、历法、天文、封禅、水利、财用），共一百三十篇，五十二万六千五百余字。

【原文】

楚人曹丘生，辩士，数招权顾金钱。事贵人赵同等，与窦长君善。季布闻之，寄书谏窦长君曰：“吾闻曹丘生非长者，勿与通。”及曹丘生归，欲得书请季布。窦长君曰：“季将军不说足下，足下无往。”固请书，遂行。使人先发书，季布果大怒，待曹丘。曹丘至，即揖季布曰：“楚人谚曰‘得黄金百斤，不如得季布一诺’，足下何以得此声于梁楚间哉？且仆楚人，足下亦楚人也。仆游扬足下之名于天下，顾不重邪？何足下距仆之深也！”季布乃大悦，引入，留数月，为上客，厚送之。季布名所以益闻者，曹丘扬之也。

【译文】

楚地有个叫曹丘的先生，是个能言善辩的人，多次借重权势获得金钱。他侍奉权贵赵同等人，与窦长君交好。季布听说了这件事，寄信劝谏窦长君说：“我听说曹丘先生不是一个品德高尚的人，您不要和他来往。”等到曹丘先生回来，想要得到窦长君的书信去求见季布。窦长君说：“季将军不喜欢您，您不要去了。”他坚决请求书信，得到后便起程去了。他派人先把介绍信送给季布，季布果然大怒，等待曹丘前来。曹丘一到就对季布作揖说：“楚人有谚语说‘得到黄金百斤，不如得到季布的一句诺言’，您凭什么能在梁、楚一带得到这样的声誉呢？况且，我是楚人，您也是楚人。我周游天下宣扬您的名声，您却这样不重视我吗？您为什么这样坚决地拒绝我呢？”季布于是十分高兴，请曹丘入内，留他住了好几个月，把他当作贵宾，临走时还送给他丰厚的礼物。季布的名声越来越大的原因，是曹丘为他宣扬了啊。

【赏析】

信用乃立身之本，守住信用就守住了人品，守住了人格。守信用的人，总是以极其负责的态度对待别人，用极其严格的要求对待自己。真正的守信者不轻易许诺，是否许诺，以能否践约为唯一的衡量标准，所以一旦答应，一定做到。

“言必信，行必果”，看似简单，做起来并不容易。在践约过程中，会有意想不到的困难出现，会有意想不到的阻力压来，因而守信者就更令人尊敬。楚汉时期的季布，重诺言，守信义，时人便有“得黄金百斤，不如得季布一诺”的赞言。守信，在人们的心目中，比金钱要贵重。

论语·颜渊篇（节选）

【作品简介】

《论语》由孔子弟子及再传弟子编写而成，主要记录孔子及其弟子的言行，较为集中地反映了孔子的思想，是儒家学派的经典著作之一。全书共20篇、492章，首创“语录体”，是中国人历代传扬并学习的古代著作之一。

为纪念老师，忧虑师道失传，仲弓、子游、子夏首先商量起草，与少数留在鲁国的弟子及再传弟子完成。子夏开创了章句的读法，故汉儒曰：章句发明始于子夏。

《论语》，圣人之学，载道之学，君子治天下之学也。南宋时，朱熹将它与《孟子》《大学》《中庸》合称为“四书”。

【原文】

子贡问政。子曰：“足食，足兵，民信之矣。”子贡曰：“必不得已而去，于斯三者何先？”曰：“去兵。”子贡曰：“必不得已而去，于斯二者何先？”曰：“去食。自古皆有死，民无信不立。”

【译文】

子贡问孔子，怎样治理国家。孔子说：“粮食充足，军备充足，老百姓信任统治者。”子贡说：“如果不得不去掉一项，那么在三项中先去掉哪一项呢？”孔子说：“去掉军备。”子贡说：“如果不得不再去掉一项，那么这两项中去掉哪一项呢？”孔子说：“去掉粮食。自古以来，人总是要死的。如果老百姓对统治者不信任，那么国家就不能存在了。”

【赏析】

本章里孔子回答了子贡问政中所连续提出的三个问题。孔子认为，治理一个国家，应当具备三个起码条件：食、兵、信。但这三者当中，信是最重要的。如果只有兵或食，而百姓对统治者不信任，那这样的国家也就不能存在下去了。这体现了儒家的人学思想。

弟子规·谨而信（节选）

李毓秀

【作者简介】

李毓秀（1647—1729），字子潜，号采三，清初学者、教育家；祖籍山西绛州正平里（今新绛县龙兴镇）周庄村。他精研《大学》《中庸》，创办敦复斋讲学，被人尊称为李夫子。

《弟子规》，原名《训蒙文》，是李毓秀所作的三言韵文、儿童行为规范读物，其主要目的就是对儿童进行启蒙教育，为其将来的成长与发展奠定一定的基础。《弟子规》共为五个部分，其首章“总叙”将孔子的话，用三字句改编而成；正文分为“入则孝，出则悌”“谨而信”“泛爱众，而亲仁”“行有余力，则以学文”四个部分，并对其进行阐释。主要列举了为人子弟在家、外出，待人、接物、处世、求学时应有的礼仪规范。

【原文】

凡出言　信为先　诈与妄　奚可焉
话说多　不如少　唯其是　勿佞巧
奸巧语　秽污词　市井气　切戒之
见未真　勿轻言　知未的　勿轻传
事非宜　勿轻诺　苟轻诺　进退错
凡道字　重且舒　勿急疾　勿模糊
彼说长　此说短　不关己　莫闲管
见人善　即思齐　纵去远　以渐跻
见人恶　即内省　有则改　无加警
唯德学　唯才艺　不如人　当自砺
若衣服　若饮食　不如人　勿生戚
闻过怒　闻誉乐　损友来　益友却
闻誉恐　闻过欣　直谅士　渐相亲
无心非　名为错　有心非　名为恶
过能改　归于无　倘掩饰　增一辜

【译文】

凡是开口说话，要以诚信为先，如果欺诈荒诞，这怎么可以呢？

说话多，不如说话少。说话应实话实说，不要花言巧语。

奸诈取巧的语言、下流肮脏的话语，以及街头无赖粗俗的口气，都要避免，不去沾染。

没有得知真相之前，不要轻易发表意见；不知道真相的传言，不可轻信而再次传播。

对不合理的要求，不要轻易答应；如果轻易答应，就会使自己进退两难。

说话时，吐字清楚，语速缓慢；说话不要太快，不要吐字不清。

不要当面说别人的长处，背后说别人的短处；不关自己的是非，不要无事生非。

看见他人的优点或善举义行，要立即学习看齐；纵然目前能力相差很远，也要努力去做，逐渐赶上。

发现别人的缺点或不良行为，要反省自己，有则改之，无则加以警诫。

唯有品德才学，可以与人相比。不如别人，应当自我激励，修养德才。

若是穿着饮食不如他人，不要攀比生气。

如果听到别人的批评就生气，听到别人的称赞就欢喜，坏朋友就会来找你，良朋益友就会离你而去。

听到他人的称赞，唯恐过誉；听到别人的批评，欣然接受，良师益友就会渐渐和你亲近。

无心的过失是错误，有心的犯错就是恶行。

知错改过，错误就会消失；如果掩饰过错，就是错上加错。

【赏析】

“凡出言，信为先，诈与妄，奚可焉”“事非宜，勿轻诺，苟轻诺，进退错”——《弟子规》把诚信作为评价一个人德行的重要指标。儒家认为，在待人接物中，人们所说的每一句话，都要以诚信作为基础，做到“言必信，行必果”，自己做不到的事情，不可轻易许诺，因为“一言既出，驷马难追”。

《弟子规》不仅对孩子提出了具体可行的行为准则，而且还作了浅显生动的理性论证，使孩子不仅知其然，而且知其所以然，从而帮助孩子树立基本的道德观念。三字一句和押韵的文字形式，使文章读来朗朗上口、易于记诵，容易被孩子接受。

素书·正道

黄石公

【作者简介】

黄石公（约前 292—前 195），秦汉时人，传说其得道成仙，被道教纳入神谱。据传，黄石公是秦末汉初的五大隐士之一，排名第五。《史记·留侯世家》，称其避秦世之乱，隐居东海下邳。其时，张良因谋刺秦始皇不果，亡匿下邳，于下邳桥上遇到黄石公。黄石公三试张良后，授予《素书》，临别时有言："十三年后，在济北谷城山下，黄石公即我矣。"张良后来以黄石公所授兵书助汉高祖刘邦夺得天下，并于十三年后，在济北谷城下找到了黄石，取而葆祠之。后世流传有黄石公《素书》和黄石公《三略》。

【原文】

德足以怀远，信足以一异，义足以得众，才足以鉴古，明足以照下，此人之俊也。

行足以为仪表，智足以决嫌疑，信可以使守约，廉可以使分财，此人之豪也。

守职而不废，处义而不回，见嫌而不苟免，见利而不苟得，此人之杰也。

【译文】

品德高尚，可以使远方之人前来归顺；诚实不欺，可以统一不同的意见；道理充分，可以得到部下群众的拥戴；才识杰出，可以借鉴历史；聪明睿智，可以知众而容众。这样的人，可以称为人中之俊。

行为端正，可以为人表率；足智多谋，可以解决疑难问题；讲究信用，可以守约而无悔；廉洁公正，且疏财仗义。这样的人，可以称为人中之豪。

恪尽职守，而无所废弛；恪守信义，而不稍加改变；受到嫌疑，而能居义而不反顾；利字当头，懂得不悖理苟得。这样的人，可以称为人中之杰。

【赏析】

《素书》是以道家思想为宗旨，集儒、法、兵的思想发挥道的作用及功能，同时以道、德、仁、义、礼为立身治国的根本、揆度宇宙万物自然运化的理数，以此认识事物、对应事物、处理事物的智能之作。

“正”即证也。本章旨在证自然之道的作用及功能，故以“正道”为章名。

本章内容共分三段。第一段是以出乎其类、拔乎其萃的“俊”的德行才智来证明大道的实质。第二段是以坚强刚毅、人中殊甚的“豪”的仪表、清廉来证实大道的作用。第三段是以独特卓越、刚毅坚贞的“杰”的浩然正气来证明大道的功能。

管子·枢言（节选）

管　仲

【作者简介】

管仲（前723—前645），姬姓，管氏，名夷吾，字仲，谥敬；春秋时期法家代表人物；颍上（今安徽省阜阳市颍上县）人，周穆王的后代；中国古代著名的哲学家、政治家、军事家，被誉为“法家先驱”“圣人之师”“华夏文明的保护者”“华夏第一相”。

法家学派的思想集中体现于《管子》一书。该书篇幅宏伟，内容复杂，思想丰富。如《牧民》《形势》等篇讲霸政法术；《侈靡》《治国》等篇论经济生产，此亦为《管子》精华，可谓齐国称霸的经济政策；《七法》《兵法》等篇言兵法；《宙合》《枢言》等篇谈哲学及阴阳五行等；其余，如《大匡》《小匡》《戒》《弟子职》《封禅》等为杂说。《管子》是研究我国古代、特别是先秦学术文化思想的重要典籍。

管仲辅佐齐桓公成为春秋第一霸主，并在宰相任内大兴改革，富国强兵，重视商业。《战国策》《国语·齐语》《史记·管晏列传》《左传》等都有对管仲的记载，《论语》、北宋苏洵的《管仲论》对他的事迹做了分析和评价。

【原文】

先王贵诚信。诚信者，天下之结也。贤大夫不恃宗至，士不恃外权。坦坦之利不以功，坦坦之备不为用。故存国家，定社稷，在卒谋之间耳。

圣人用其心，沌沌乎博而圜，豚豚乎莫得其门，纷纷乎若乱丝，遗遗乎若有从治。故曰：欲知者知之，欲利者利之，欲勇者勇之，欲贵者贵之。彼欲贵，我贵之，人谓我有礼。彼欲勇，我勇之，人谓我恭。彼欲利，我利之，人谓我仁。彼欲知，我知之，人谓我慜，戒之戒之，微而异之。动作必思之，无令人识之，卒来者必备之，信之者仁也，不可欺者智也。既智且仁，是谓成人。

【译文】

先代圣王重视诚信。有了诚信，天下各国便能和平相处、团结和气。有才能的大夫们不依靠宗室门第，士人不依靠与别国同盟。取得小利不将它看作是功劳，面对小富也不拿它来用。这样，存国家、定社稷的大事就在短暂的谋划当中解决了。

圣明的人运用他们的心思，好像混混沌沌般博大而圆通，又隐隐地使人找不到头绪，纷纷然好像乱丝，又像有秩序得可以梳理清楚。所以说，人们想要求知识的就让他去求知识，想要去求名利的就让他去求名利，想要去求勇猛的就让他去求勇猛，想要去求地位的就让他去求地位。他想求地位，我就允许他求地位，人家会说我知礼；他想求勇猛，我就允许他求勇猛，人家会说我恭敬；他想求名利，我就允许他求名利，人家会说我仁义；他想求知识，我就允许他求知识，人家会说我聪敏。但是千万要警戒，隐微地庇翼自己，用心谨慎，以免被人识透。对于突然到来的事件，必须有防备。做人讲信用叫作仁义，不被人欺瞒叫作有智慧。既有智慧又有仁义，就可以说是成熟的人了。

【赏析】

在中国古代，最早将“诚”与“信”连用的是春秋时代齐国著名的政治家、经济学家管仲。他明确提出“先王贵诚信。诚信者，天下之结也”，认为诚信是凝聚人心、使天下人团结一致的精神基础。齐国的诚信思想自管仲开始，晏婴、孙武、孙膑、孟子、荀子等齐文化先贤一以贯之。

在新的历史条件下，我们要努力继承和弘扬诚信传统，在建设社会主义和谐社会的过程中，诚信报国，诚信待人，诚信经营，诚信工作，赋予古老的诚信文化更多、更新、更美好的时代内涵。

资治通鉴·周记·卷二

司马光

【作者简介】

司马光（1019—1086），字君实，号迂叟，汉族，陕州夏县（今山西运城）涑水乡人，世称涑水先生；北宋政治家、史学家、文学家；历任仁宗、英宗、神宗、哲宗四朝官职，卒赠太师、温国公，谥文正；为人温良谦恭、刚正不阿；做事用功刻苦、勤奋。以“日力不足，继之以夜”自视，其人格堪称儒学教化下的典范，历来受人景仰。

宋仁宗时中进士，英宗时迁龙图阁直学士。宋神宗时，反对王安石施行变法。王安石变法以后，司马光离开朝廷15年，主持编纂了中国历史上第一部编年体通史《资治通鉴》。其生平著作甚多，主要有《资治通鉴》《温国文正司马公文集》《稽古录》《涑水记闻》《潜虚》等。

【原文】

臣光曰：夫信者，人君之大宝也。国保于民，民保于信；非信无以使民，非民无以守国。是故古之王者不欺四海，霸者不欺四邻，善为国者不欺其民，善为家者不欺其亲。不善者反之，欺其邻国，欺其百姓，甚者欺其兄弟，欺其父子。上不信下，下不信上，上下离心，以至于败。所利不能药其所伤，所获不能补其所亡，岂不哀哉！昔齐桓公不背曹沫之盟，晋文公不贪伐原之利，魏文侯不虞人之期，秦孝公不废徙木之赏。此四君者道非粹白，而商君尤称刻薄，又处战攻之世，天下趋于诈力，犹且不敢忘信以畜其民，况为四海治平之政者哉！

【译文】

臣司马光说：信誉，是君主至高无上的法宝。国家靠人民来保卫，人民靠信誉来保护；不讲信誉无法使人民服从，没有人民便无法维持国家。所以，古代成就王道者，不欺骗天下；建立霸业者，不欺骗四方邻国；善于治国者，不欺骗人民；善于治家者，不欺骗亲人。只有蠢人才反其道而行之，欺骗邻国，欺骗百姓，甚至欺骗兄弟、父子。上不信下，下不信上，上下离心，以致一败涂地。靠欺骗所占的一点儿便宜救不了致命之伤，所得到的远远少于失去的，这岂不令人痛心！当年，齐桓公不违背曹沫以胁迫手段订立的盟约，晋文公不贪图攻打原地而遵守信用，魏文侯不背弃与山野之人打猎的约定，秦孝公不收回对移动木杆之人的重赏。这四位君主的治国之道尚称不上完美，而公孙鞅可以说是过于刻薄了，但他们处于你攻我夺的战国乱世，天下尔虞我诈、斗智斗勇之时，尚且不敢忘记树立信誉以收服人民之心，又何况今日一统天下的当政者呢！

【赏析】

诚信是一个人的立身之本，也是一个集体、一个民族、一个国家的生存之基。司马光通过“王者不欺四海，霸者不欺四邻，善为国者不欺其民，善为家者不欺其亲”，论证了历朝历代颠覆灭亡命运的症结所在——缺乏诚信。

道德经（节选）

老 子

【作者简介】

老子，生卒年不详，姓李，名耳，字聃。据《史记》等多部古籍记载，老子是春秋时期的楚国苦县（今安徽省涡阳县，一说河南省鹿邑县）人。中国古代思想家、哲学家、文学家和史学家，道家学派创始人和主要代表人物，与庄子并称“老庄”。老子曾担任周朝守藏室之史，以博学而闻名，孔子曾入周向他问礼。春秋末年，天下大乱，老子欲弃官归隐，遂骑青牛西行。到函谷关时，受关令尹喜之请，著《道德经》。

《道德经》，又名《老子》，是中国古代先秦诸子分家前的一部著作，为其时诸子所共仰，是道家哲学思想的重要来源。《道德经》分上、下两篇，原文上篇《德经》、下篇《道经》，不分章。后改为《道经》在前、《德经》在后，分为八十一章，是中国历史上首部完整的哲学著作。

【原文】

为无为，事无事，味无味。大小多少，报怨以德。

图难于其易，为大于其细。天下难事，必作于易；天下大事，必作于细。是以圣人终不为大，故能成其大。夫轻诺必寡信，多易必多难。是以圣人犹难之，故终无难矣。

【译文】

以无为的态度去有所作为，以不滋事的方法去处事，把恬淡无味当作有味。大生于小，多起于少，用德行来回报怨恨。

处理问题要从容易的地方入手，实现远大目标要从细微的地方入手。天下的难事，一定从简易的地方做起；天下的大事，一定从微细的部分开端。因此，有道的圣人始终不贪图大贡献，所以才能做成大事。那些轻易发出诺言的，必定很少能够兑现；把事情看得太容易，势必遭受很多困难。因此，有道的圣人总是看重困难，所以就没有困难了。

【赏析】

本节内容，对于人们而言，无论行事还是求学，都是至理名言。这也是一种朴素辩证法的方法论，暗合着对立统一的法则，隐含着由量变到质变的飞跃的法则。“无为”并不是讲人们无所作为，而是以“无为”求得“无不为”，“是以圣人终不为大，故能成其大”。这正是从方法论上说明了老子的确是主张以无为而有所作为的。

轻诺必寡信：一个人轻易承诺，那么他的承诺也许是一种缺少诚心的承诺，这种承诺的本身也就是缺少信用的。一个人总是轻易承诺，往往别人看到的是他不能实现承诺，那么也会对他失去信任。多易必多难：把事物看得很容易或者把事情形容得极容易，真正做起来的时候就会有更多的困难。老子教育后人：不要轻易许诺，只要许了诺就要认真践行，不要失去了信义；不要轻视我们所遇到的事情或者对手。否则，我们肯定会在做这件事的过程中、遇到麻烦时，因为缺乏后劲和必要的准备而失败。

阅读链接

道家及其思想

代表人物：老子、庄子。

道家的价值取向首先是道法自然、宁静淡泊、无为自适。道家认为，“道”是世界万物的本源，也是宇宙运行的规律。只有自然运行，天地才可以运化万千，宇宙才可以和谐，人类社会才可以协调有序，六畜才可以兴旺，万木才可以常青。道家的行为取向是超世无为，对世间的一切都不要做任何努力和改变，顺其自然。道家认为，人生在世，要受到无数外在的约束，如声色之乐，功名利禄之欲，甚至死亡之惧，只有超然于这一切之上，不刻意去有所作为，才能领会到人生的意义。

1.“不争”——以退为进的处世哲学

老子的《道德经》提出了许多以退为进的处世哲学。其中，有多处提到“不争”。“天之道，不争而善胜”（第七十三章）：自然的规律，是不争夺而善于取胜。“天之道，利而不害；圣人之道，为而不争”（第八十一章）：自然的法则，是利物而不害物；圣人的法则，是付出而不争夺。“夫唯不争，故天下莫能与之争”（第二十二章）：正因为不和人争，所以天下没有人和他争。“夫唯不争，故无尤”（第八章）：正因为不与别人争夺，所以才不会引起别人的关注、嫉妒和怨恨。老子的这种“不争”的处世智慧告诉我们，一个人要想成功，它的方法就是不要去争抢，只是低调地提升自己的能力，完善自己，使自己变强大，故自然而然不争而胜。对此，老子以“水”为例。“上善若水，水善利万物而不争”，水是最柔弱的，但是它能滋润万物，不与万物争；但水又是最强大的，水滴石穿。大海和谁相争了吗？没有。它只是柔顺处下，把心量放大，所以有海纳百川，百川归海。

2.“生活辩证法”——启发现代人进行自我心理调适

在老子看来，任何事物的存在和发展都不可避免地要经历一个由弱到强的过程，“人之生也柔弱，其死也坚强；草木之生也柔脆，其死也枯槁”。柔弱标志着新生、生命力和发展的希望，而刚强则是衰退、败亡的征兆，所以“物壮则老”“木强则折”。强难道是永远强吗？弱难道是永远弱吗？“祸兮福之所倚，福兮祸之所伏。”坏事里面就蕴含着好事的因素，好事里面也蕴含着坏事的前兆。所以你成功了，不要得意；你处于弱势，也不要丧气。因此，老子的生活辩证法能让人们正确去看待生命中的得失、成败、祸福。坦然面对失败，淡然面对成功，有利于个人缓解自身的焦虑、忧郁等不良情绪，缓解生存压力，使人获得内心的平和和满足，保持心理健康。

3.“淡泊名利”——获得内心的平和和自适

道家的主要思想是“无为”，但老子的“无为”和庄子的“无为”是有区别的。老子的“无为”其实是“无不为”，至少也是“有所为”，只不过为了“有所为”，先“无所为”，这就是“有所为有所不为”。而庄子的“无为”是真的什么都不做，是“真不为”。庄子一生，把很多送上门来的功名利禄拒之门外。很多人一般都将其理解为庄子清高。其实庄子不是清高，而是透彻。他把人世间的名和利看得很淡，不愿意被名和利束缚，认为生命和自由才是最可贵的，自由自在地活着就好。因此，庄子开启的这种对自然、对本真、对自我、对自由的追求，曾对魏晋风度、明末士风的形成产生过深刻的影响。同时，也引发了个人意识的觉醒，启迪人们从名利等各种绳索捆绑之中解放出来，教人把人生的种种负累统统卸下，淡泊名利，从而获得宁静的自由和自适的心境。

老子和庄子的思想经常被合在一起，称为“老庄思想”。它主张顺应自然，不为利趋，不为物累，不为得喜，不为失悲，是中国传统思想中的宝贵财富；但是它缺乏冒险和创新精神，贬低了人类理性和进步的方向，是我们需要批判地继承和发展的。

韩非子·外储说左上第三十二（节选）

韩　非

【作者简介】

韩非（约公元前 280—前 233），汉族，战国末期著名思想家，法家代表人物，被尊称韩非子或韩子。韩王（战国末期韩国君主）之子，荀子的学生。

作为秦国的法家代表，韩非备受秦王嬴政赏识，但遭到李斯等人的嫉妒，最终被下狱毒死。他被誉为得老子思想精髓最多的二人之一（另一人为庄周），著有《韩非子》一书。《韩非子》共五十五篇，十万余字，在先秦诸子散文中独树一帜，呈现韩非极为重视的唯物主义与效益主义思想，积极倡导君主专制主义理论，目的是为专制君主提供富国强兵的霸道思想。

《史记》载：“秦王见《孤愤》《五蠹》之书，曰：‘嗟乎，寡人得见此人与之游，死不恨矣！’”由此可知，当时秦王对韩非的重视。《韩非子》也是间接补遗史书对中国先秦时期史料不足的重要参考来源之一。其中，许多当代民间传说和寓言故事也成为成语典故的出处。

【原文】

经 六

小信成则大信立，故明主积于信。赏罚不信，则禁令不行，说在文公之攻原与箕郑救饿也。是以吴起须故人而食，文侯会虞人而猎。故明主表信，如曾子杀彘也。患在厉王击警鼓，与李悝谩两和也。

说 六

晋文公攻原，裹十日粮，遂与大夫期十日。至原十日而原不下，击金而退，罢兵而去。士有从原中出者，曰："原三日即下矣。"群臣左右谏曰："夫原之食竭力尽矣，君姑待之。"公曰："吾与士期十日，不去，是亡吾信也。得原失信，吾不为也。"遂罢兵而去。原人闻曰："有君如彼其信也，可无归乎？"乃降公。卫人闻曰："有君如彼其信也，可无从乎？"乃降公。

孔子闻而记之曰："攻原得卫者，信也。"

文公问箕郑曰："救饿奈何？"对曰："信。"公曰："安信？"曰："信名，信事，信义。信名，则群臣守职，善恶不逾，百事不怠；信事，则不失天时，百姓不逾；信义，则近亲劝勉，而远者归之矣。"

【译文】

经 六

在小事上讲信用，在大事上就能够建立起信用，所以明君要在遵守信用上逐步积累声望。赏罚不讲信用，禁令就无法推行。有关的解说，在"说六"中，晋文公攻打原国和箕郑谈论救济饥荒。因此，吴起宁愿饿着肚子也要按照约会等老朋友来吃饭，魏文侯宁愿冒着大风也要守约和虞人说罢猎。所以，明君表明信用，要像曾子杀猪那样说到做到。不讲信用的祸患表现在，楚厉王酒醉误击报警军鼓以及李悝欺骗左右两军。

说 六

晋文公攻打原邑时，携带了十天的粮食，于是就和士大夫们约定十天为期限。到了原邑十天了还没有攻下原邑，就鸣锣收兵，准备撤退了。原邑的士兵有从城中逃出来的，说："原邑再攻打三天就被攻克了。"左右群臣劝谏说："那原邑城内已是粮食耗尽，兵力衰竭了，您姑且再等几天。"晋文公说："我与战士们约定十天，不回去，我就是失去信用了，我不干。"随后，收兵离开。原邑城中的人们听说后说："有如此守信的国君，我们怎么可以不归附他呢？"于是，就投降了晋文公。卫国人听说后说："有如此守信的国君，我们怎么可以不跟从他呢？"于是，就投降了晋文公。

孔子听说后记录这件事说："攻打原邑而得到卫国的原因，是守信用。"

晋文公问箕郑说："怎样救济饥荒？"箕郑回答说："守信用。"晋文公说："怎样守信用呢？"箕郑说："在名位、政事、道义上都要守信用。在名位上守信用，群臣就会尽职尽责，好坏分明而不混淆，对各种政事不懈怠；在政事上守信用，就不会错过时令季节，百姓就会按时耕作；在道义上守信用，亲近的人就会相互勉励，而远方的人就会前来归顺了。"

【赏析】

在古代社会，很多当权者自认为可以为所欲为，经常从自己的利益出发，频繁地废除旧法令而设置新法令，这种"朝令夕改"的行为使百姓们无所适从。尤其是在春秋战国时期，人们被"朝令夕改"害得很惨，所以当有一个君主守信时，人们就会欣喜万分，愿意跟随他了。

《韩非子》中的这两篇政论文，观点鲜明，论证充分，逻辑严密，结构完整，运用短小凝练的寓言和历史故事，说明了守信的重要性，对后人起到了警示和劝勉的作用。

礼记·中庸（节选）

【作品简介】

《礼记》，又称《小戴礼记》，是西汉戴圣对秦汉以前汉族礼仪著作加以辑录，编纂而成，共四十九篇，是中国古代一部重要的典章制度书籍；记录了战国以后及西汉时期社会的变动，包括社会制度、礼仪制度和人们观念的继承和变化。四十九篇分属于制度、通论、名堂阴阳、丧服、世子法、祭祀、乐记、吉事等，其阐述的思想，包括社会、政治、伦理、哲学、宗教等各个方面。其中，《大学》《中庸》《礼运》等篇有着较丰富的汉族哲学思想。东汉末年，著名学者郑玄为《小戴礼记》作了详细的注解。后来，这个版本便盛行不衰，并由解说经文的著作逐渐成为经典。"到唐代，礼有《周礼》《仪礼》《礼记》；春秋有《左传》《公羊》《穀梁》，加上《论语》《尔雅》《孝经》，这样是十二经；宋明又加入《孟子》，于是定型为十三经"，为士者必读之书。

【原文】

至诚之道，可以前知。国家将兴，必有祯祥；国家将亡，必有妖孽。见乎蓍龟，动乎四体。祸福将至：善，必先知之；不善，必先知之。故至诚如神。

诚者自成也，而道，自道也。诚者，物之终始，不诚无物。是故君子诚之为贵。诚者，非自成己而已也，所以成物也。成己，仁也；成物，知也。性之德也，合外内之道也，故时措之宜也。

故至诚无息。不息则久，久则征，征则悠远，悠远则博厚，博厚则高明。博厚，所以载物也；高明，所以覆物也；悠久，所以成物也。博厚配地，高明配天，悠久无疆。如此者，不见而章，不动而变，无为而成。

【译文】

心怀至诚，就可以预知未来。国家将要兴盛，必定有吉祥的预兆；国家将要灭亡，必定有妖异的前兆。这反映在占卜的龟甲中，表现在人们的仪容、举止上。祸福将要来临的时候：是福，必定预先知道；是祸，也必定预先知道。所以，心怀至诚的人就像神明一样。

诚，就是自身品德修养的完成；而道，是走向完成品德修养的自我指导。诚贯穿于万物的始终，没有诚也就没有万物。所以，君子把诚看作最高贵的品德。诚，并非完成自身的修养就停止了，而是要使万物都得到完成。完成自身的修养，叫作仁；使万物都得到完成，叫作智。仁和智是人性固有的美德，综合了成物、成己的规律，所以任何时候用它都是适宜的。

所以，至诚是不间断的。不间断就可以长久，长久就可以得到验证，得到验证就可以行之悠远；行之悠远就可以广博深厚，广博深厚就可以高大光明。广博深厚，能用来承载万物；高大光明，能用来覆盖万物；行之悠远，能用来成就万物。广博深厚可以与地相配，高大光明可以与天相配，行之悠远而无边无际。圣人之德如此广博深厚、高大光明、行之悠远，以至于不见所为而功业彰显，不见动作而万物改变，无所作为而道德成就。

【赏析】

“诚”是《中庸》的核心思想之一。

第一段强调心诚，谈论“诚”的重大功用。在科技不发达的中国古代社会，受认知局限，人们往往把一些无法解释的现象归于鬼神。人们敬畏自然，渴望得到上天的庇佑和指引，也害怕因触怒上天而受到惩罚，于是通过占卜的方式来预测吉凶。《中庸》说“国家将兴，必有祯祥；国家将亡，必有妖孽”，即言国事兴衰，上天必有预兆；“祸福将至：善，必先知之；不善，必先知之。故至诚如神”，心怀至诚的人不被私心杂念所迷惑，能洞悉世间万物的根本规律，能够预知未来的吉凶祸福、兴亡盛衰，这样的人就像神明一样。

第二段强调以“诚”来修养自身和成就万物。“诚”贯穿于万事万物的始终，“不诚无物”，“诚”是无处不在的。人要真诚，要自觉地行道。但是，仅用“诚”来成就自己的品德修养是远远不够的，还要成就万事万物，要把“诚”外化到他人和一切事物当中去，即“合外内之道”，做到物我同一。自己真诚了，他人真诚了，万事万物之间都以真诚为准则，都以真诚来存活，世界也就美好无欺了。

第三段强调至诚之心永无止境，博大深远。至诚之心永不间断，不间断就能持久。如果内心长久如此，就会发于外，就会久远。长期积累，就会博厚，从而可以和天地相比，承载万物、覆盖万物。圣人“至诚无息”，故能“载物”“覆物”“成物”，从而“配天”“配地”，主宰天地万物。这样写无非是想强调由真诚的追求而达到与天、地并列为三，从而化生万物的终极目的。

《中庸》强调道德修养的重要性，认为人生最高的目标是成为“圣人”，也就是完美无缺、无所不知、无所不能的人。要达到这个目标，就必须不断地修炼自己的道德品质，使之符合“天道”，也就是自然界和社会规律。“诚”就是它所提出的道德修养的方法和原则之一。我们应吸收其思想的精华，借以提升个人的道德修养。

第二节　诚信小故事

商鞅立木取信

公元前361年，秦国的新君秦孝公即位。他下决心发愤图强，首先就是搜罗人才。他下了一道命令：“不论是秦国人还是外来的客人，谁要是能想办法使秦国富强起来，就封他做官。”秦孝公这道命令，果然吸引了不少有才干的人。有一个卫国的贵族公孙鞅（就是后来的商鞅），在卫国得不到重用，跑到秦国，托人引见，得到秦孝公的接见。商鞅对秦孝公说：“一个国家要富强，就必须重视农业，奖励将士；国君要想把国家治理好，就必须有赏有罚。有赏有罚，朝廷有了威信，一切改革也就容易进行了。”

秦孝公完全同意商鞅的主张，可是秦国的一些贵族和大臣却竭力反对。秦孝公一看反对的人这么多，自己刚刚即位，怕闹出乱子来，就把改革的事暂时搁了下来。

过了两年，秦孝公的君位坐稳了，就拜商鞅为左庶长（秦国的官名），说："从今天起，改革制度的事全由左庶长拿主意。"商鞅起草了一个改革的法令，但是怕老百姓不信任他，不按照新法令去做。商鞅就先叫人在都城的南门竖了一根三丈高的木头，下命令说："谁能把这根木头扛到北门去，就赏十两金子。"不一会儿，南门口围了一大群人，大家议论纷纷。有的说："这根木头谁都拿得动，哪儿用得着十两赏金？"有的说："这大概是左庶长开玩笑吧。"大伙儿你瞧瞧我，我瞧瞧你，就是没有一个敢上去扛木头的。商鞅知道老百姓还不相信他下的命令，就把赏金提到五十两。没想到赏金越高，看热闹的人越觉得不合情理，仍旧没人敢去扛。

正在大伙儿议论纷纷的时候，人群中有一个人站出来，说："我来试试。"他说着，真的把木头扛起来，一直扛到北门。商鞅立刻派人赏给这个人五十两金子，一点也没少。这件事立即传了开去，一下子轰动了秦国。老百姓说："左庶长的命令不含糊。"商鞅知道，他的命令已经起了作用，就把他起草的新法令公布了出去。新法令赏罚分明，规定官职的大小和爵位的高低以打仗立功为标准，贵族没有军功的就没有爵位；多生产粮食和布帛的人，免除官差；凡是为了做买卖和因为懒惰而贫穷的人，连同妻子儿女都罚做官府的奴婢。秦国自从商鞅变法以后，农业生产增加了，军事力量也强大了。这是商鞅南门立木的历史典故。成语"南门立木"和"立木为信"就是从这个典故里来的。

季布一诺的故事

楚汉相争时，项羽手下有一员大将叫季布。他为项羽出生入死，冲锋陷阵，立下了大功。刘邦对他深为痛恨，统一中国后，下令以千两黄金的重赏捉拿季布。

季布平时言而有信，答应别人的事情，一定竭尽全力去做，从不令人失望。这种美好的品质使他赢得了许多朋友的信任。民间流传着一句话："得黄金百斤，不如得季布的一诺。"当时，敬慕季布为人的人，都在暗中帮助他。季布经过化装，到山东一家姓朱的人家当佣工。朱家明知他是季布，仍收留了他。后来，朱家又到洛阳去找刘邦的老朋友汝阴侯夏侯婴为季布说情。

汝阴侯对刘邦说："以前季布为项羽打仗，这是他作为项羽部下应尽的责任。现在陛下为了从前的仇恨捉拿季布，器量未免显得太小了。况且陛下如此仇视季布，假使季布心生畏惧而投奔他国，这不是给陛下增添了麻烦吗？倒不如现在就把他召进宫来，委以官职。"刘邦觉得有理，马上派人撤去告示，并将季布召进宫来，任命他为郎中。

季布感念刘邦的恩德，为汉朝做了许多大事。到了汉文帝时，季布已经是朝廷里举足轻重的大臣了，但仍喜欢广交朋友，豪爽正直的性格依然未变。

一次，一个叫曹丘的人很想见季布。季布因此人平时喜好巴结权贵，不想见他。后来，曹丘通过别的途径见到了季布。他对季布说："我听楚国人说'得黄金百斤，不如得季布一诺'。您有这样的好名声，还不是靠您的家乡人——楚人替您传扬？我也是楚人，您为什么要鄙视我呢？"

季布听了这一番话，心里的气消了一大半。他把曹丘留在家里住了几个月，还送给他很多礼物。

魏文侯守信的故事

战国时，魏国第一个国君是魏文侯，他处处诚信待人，所以上至朝廷官员下至普通百姓都很敬重他，魏国也因此迅速强大起来。

有一次，他和管理山林的人约好第二天下午一起去山林打猎。可是到了第二天，却刮起了大风。魏文侯久久不见风停，就准备冒着大风前去赴约。左右群臣见状，都力劝他不要去。

魏文侯说："就算不能打猎，也得告诉那位管理山林的人呀。"众臣中有一个人自告奋勇地说："那好，我马上去。"魏文侯却说："昨天是我亲自跟人家约定的，如今失约，我要亲自向人家道歉才行。"说完大步跨出门外，冒着大风到管林人的住处去了。

魏文侯就是这样诚信待人，才博得了臣民的信赖，使国家强盛起来。

尾生抱柱

春秋时，鲁国曲阜有个年轻人名叫尾生，与圣人孔子是同乡。尾生为人正直，乐于助人，和朋友交往很守信用，受到四乡八邻的普遍赞誉。有一次，他的一位亲戚家的醋用完了，来向他借，恰好尾生家也没有醋，但他并没有回绝，而是说："你稍等一下，我里屋还有，这就进去拿来。”说完，尾生悄悄从后门出去，向邻居借了一坛醋，并说是自己家的，送给了那位亲戚。孔子知道这件事后，就以乡里长者的身份，批评尾生为人不诚实，有点弄虚作假。尾生却不以为然，他认为帮助别人是应该的，虽然说了谎，但出发点是好的。

后来，尾生迁居梁地（今陕西韩城南）。在那里他认识了一位年轻漂亮的姑娘。两人一见钟情，私定终身。但是姑娘的父母嫌弃尾生家境贫寒，坚决反对这门亲事。为了追求爱情和幸福，姑娘决定背着父母和尾生私奔。那一天，两人约定在韩城外的一座木桥边会面。黄昏时分，尾生提前来到桥边等候。不料，天空突然乌云密布，狂风怒吼，雷鸣电闪，大雨滂沱。不久山洪暴发，滚滚江水裹挟着泥沙席卷而来，淹没了桥面，没过了尾生的膝盖。

“城外桥边，不见不散”，尾生想起了与姑娘的信誓旦旦；但四顾茫茫水世界，不见姑娘踪影。然而，他寸步不离，死死抱着桥柱，被活活淹死。姑娘因为私奔念头泄露，被父母禁锢家中，不得脱身。后伺机趁夜逃出家门，冒雨来到城外桥边，此时洪水已渐渐退去。姑娘看到紧抱桥柱而死的尾生，悲痛欲绝，于是抱着尾生的尸体纵身投入水中。

曾子杀猪教子

曾子，又叫曾参，春秋时期鲁国人，是孔子的弟子。曾子深受孔子思想的影响，不但学问高，而且为人诚实，从不欺骗别人，甚至对自己的孩子也是说到做到。

有一天，曾子的妻子要去赶集，孩子哭着叫着要一块儿去。而曾子的妻子骗孩子说：“乖孩子，待在家里等娘，娘赶集回来给你杀猪吃。”孩子信以为真，一边欢天喜地地跑回家，一边喊着：“有肉吃了，有肉吃了。”

孩子一整天都待在家里等母亲回来，村子里的小伙伴来找他玩，他都拒绝了。

傍晚，孩子远远地看见母亲回来了，便一边三步并作两步地跑上前去迎接，一边喊着：“娘，娘，快杀猪，快杀猪，我都快要馋死了！”

曾子的妻子说：“一头猪顶咱家两三个月的口粮呢，怎么能随随便便就杀掉呢？”

孩子“哇”的一声哭了。

曾子闻声而来，知道了事情的真相后，二话没说，转身就回到屋子里。过了一会儿，他拿着菜刀出来，曾子的妻子吓坏了。因为曾子一向对孩子非常严厉，以为他要教训孩子，连忙把孩子搂在怀里。哪知曾子却径直奔向猪圈。

妻子不解地问：“你拿着菜刀跑到猪圈里干什么？”

曾子不假思索地回答："杀猪。"

妻子听了，"扑哧"一声笑了："不过年，不过节，杀什么猪呢？"

曾子严肃地说："你不是答应过孩子要杀猪给他吃吗？既然答应了，就应该做到。"

妻子说："我只不过是骗骗孩子，和小孩子说话何必当真呢？"

曾子说："不能和小孩子随便开玩笑，孩子小，还没有分辨是非的能力，事事都模仿着父母的言行举止，听从父母的教诲。现在你对他说谎，孩子长大了后也会对别人说谎。大人说话不算话，有什么资格教育孩子呢？"

妻子听后惭愧地低下了头，于是，夫妻俩就把猪杀了，并且宴请了乡亲。

虽然曾子的做法遭到一些人的嘲笑，但是他以身作则，教育出了诚实守信的孩子。曾子杀猪的故事一直流传至今，他的人品一直为后代人所称赞。

李苦禅烧画

李苦禅是我国当代杰出的大写意花鸟画家、书法家、美术教育家。他出生于山东的一个贫农家庭，从小喜欢美术的他跟着民间艺人刻苦学艺，最终在美术界声名远播。而更让人争相传颂的，还有他烧画慰藉故人的故事。

20世纪70年代的一天，一位老先生找上李苦禅家门，说自己十分喜欢李苦禅的作品，诚心想求一幅画作。虽然前来求画的人踏破门槛，但眼见老先生求画的心情十分迫切，李苦禅便一口答应了。然而不巧的是，那几天李苦禅的身体状况不太好，自身事情也多，答应给那位老先生作画的事情就耽搁下来了。当时，李苦禅觉得这画也不急在这一两天，耽搁几天也不会有什么关系。但出乎意料的是，在他还没来得及给老先生动笔作画，就在一天早晨收到了老先生去世的噩耗。震惊之余，李苦禅后悔不已，甚至跺足垂泪，觉得自己辜负了老先生的一番信任。他认为，老先生生前没能见到自己想要的东西，一定是带着深深的遗憾离开这个世界的。

心情稍稍平复后，李苦禅拖着被病痛折磨得十分虚弱的身体，走到画案前，泪眼蒙眬之中挥毫画了一幅《白莲图》，而后钤好印章，并郑重地在画作上题写了老先生的名字。等墨迹干透之后，李苦禅亲自拿着那幅画作走到庭院之中，对天肃立，默默祷告。而后，李苦禅点燃了那幅画作。等到画作完全烧成了灰，他才心情沉重地回到画室。

事后，李苦禅多次跟自己的学生及身边的人提及此事，而且满脸愧疚地说："我从来没有失信于人，唯此事愧对老先生，铸成终生遗憾。今后，再有人向我求画，只要是我答应下来的，你们一定要及时催促我，切勿让我再失信于人。"

名言警句

1. 人之所助，信也。

——《周易》

2. 马先驯而后求良，人先信而后求能。

——《淮南子》

3. 信犹五行之土，无定位，无成名，而水金木无不待是以生者。

——朱熹

4. 言无常信，行无常贞，惟利所在，无所不倾，若是则可谓小人矣。

——荀子

5. 诚信者，天下之结也。

——管子

6. 我们应该顺其自然，立在真实上，求得人生的光明，不可陷入勉强、虚伪的境界，把真正的人生都归幻灭。

——李大钊

7. 千教万教，教人求真；千学万学，学做真人。

——陶行知

一屋不扫，何以扫天下
——修身篇

『学习目标』

◎ 知识目标

1. 了解修身篇中经典诗文和修身小故事中所表达的修身理念和道德规范。
2. 理解传统文化中，修身养性的意义和古人对修身养性的重视。
3. 阅读有关修身养性思想的文学作品和故事，理解其中所蕴含的哲学智慧。

◎ 能力目标

1. 能够分析和解读修身篇中经典诗文和修身小故事中所蕴含的道德价值和人生哲理。
2. 能够将修身养性的理念内化为自己的行为准则，提升个人修养和品德。
3. 能够在现实生活中运用修身养性的思想，不断提升自我、陶冶情操。

◎ 素质目标

1. 培养君子风范和高尚品格，塑造崇高的精神境界。
2. 增强个人的修养与内涵，提升综合素质和社会竞争力。
3. 强化责任感和社会担当，为社会贡献积极向上的正能量。

第一节　经典诗文

墨子·修身（节选）

墨　子

【作者简介】

墨子（生卒年不详），名翟（dí），墨家学派创始人，战国时期著名的思想家、教育家、科学家、军事家。墨子的先祖是宋人。墨家在先秦时期影响很大，与儒家并称“显学”。在当时的百家争鸣，有“非儒即墨”之说。墨子是历史上唯一农民出身的哲学家。他提出了“兼爱”“非攻”“尚贤”“尚同”“天志”“明鬼”“非命”“非乐”“节葬”“节用”等观点。他的学说以“兼爱”为核心，以“节用”“尚贤”为支点。他还在先秦时期创立了以几何学、物理学、光学为突出成就的一整套科学理论。墨子死后，墨家分为相里氏之墨、相夫氏之墨、邓陵氏之墨三个学派。

《墨子》是阐述墨家思想的著作，原有71篇，现存53篇，一般认为是墨子的弟子及后学记录、整理、编纂而成。《墨子》分为两大部分：一部分记载墨子言行、阐述墨子思想，主要反映了前期墨家的思想；另一部分《经上》《经下》《经说上》《经说下》《大取》《小取》共6篇，一般称作“墨辩”或“墨经”，着重阐述墨家的认识论和逻辑思想。

【原文】

志不强者智不达，言不信者行不果。据财不能以分人者，不足与友；守道不笃，遍物不博，辨是非不察者，不足与游。本不固者，末必几。雄而不修者，其后必惰。原浊者，流不清；行不信者，名必耗。名不徒生，而誉不自长。功成名遂，名誉不可虚假，反之身者也。务言而缓行，虽辩必不听；多力而伐功，虽劳必不图。慧者心辩而不繁说，多力而不伐功，此以名誉扬天下。言无务为多而务为智，无务为文而务为察。

故彼智无察，在身而情，反其路者也。善无主于心者不留，行莫辩于身者不立。名不可简而成也，誉不可巧而立也，君子以身戴行者也。思利寻焉，忘名忽焉，可以为士于天下者，未尝有也。

【译文】

意志不坚强的人，智慧一定不高；说话不讲信用的人，行动一定不会有结果；拥有财富而不肯分给他人的人，不值得和他交友；守道不坚定、阅历不广博、辨别是非不清楚的人，不值得和他交游。根本不牢，枝节必危。有勇气而不注重品行修养的人，后必懒惰。源头浑浊的，水流不会清澈；行为无信的人，名声必受损害。声誉不会无故产生和自己增长。功成了必然名就，名誉不可弄虚作假，必须反求诸己。只会夸夸其谈而忽视行动，即使再能说会道，也不会使人听信；出力多而自夸功劳，即使再劳苦，也不会得到回报。聪明人心里明白而不多说，努力做事而不夸耀自己的功劳，因此名声传扬于天下。说话不图多而讲究富有智慧，不图文采而讲究明白。所以既无智慧又不能审察，加上自身又懒惰，则必背离正道而行了。一种善行，如果不是出于本心，就不能长久地保留；一种行为，如果没有自身的理解，就不能坚定地贯彻。名望不能轻而易举地得到，声誉也不能以取巧的方法获得。君子是以身体力行达到的。以图利为重，忽视立名，（这样）而可以成为天下贤士的人，还不曾有过。

【赏析】

本篇主要讨论品行修养与君子人格问题，强调品行是为人治国的根本，君子必须以品德修养为重。

墨子在《修身》篇中告诉我们，要想成为一个成功的智者，首先要树立起正确的世界观、人生观和价值观，提高自己的精神境界和道德修养。

凡是能成就大事者，一定有坚强的意志来作为精神支柱；尽管“饿其体肤，劳其筋骨，苦其心志”，也要坚持自己的真理。

言语不诚实的人，做事也不会有结果，这是对道德修养的要求。言语诚实是德的要素，是一个人诚信的基础。诚信是一个人的立身之本、为人之道、做官之要。信为德之首，一个没有诚信的人恐怕到哪里都不会受欢迎。信口雌黄、耍小聪明，只能得意一时，终不是长久之计。言语诚实也是修身的基本要求。我们常说，做事先要修身，修身的前提应该是诚意。孔子曰：“唯天下至诚，为能尽其性，则能尽人之性。”（语出《中庸·诚意》）意思是说，只有天下最真诚的人才能发挥天赋的本性，能发挥天赋的本性就能发挥众人的本性。工作亦是如此，诚信是团结协作的前提，是团队精神的基础。如果我们没有诚信作为职业道德的根基，对群众、同志、领导不讲真话，是不会得到他人的信任的，同时，也得不到别人的诚信，得不到别人的支持和拥护，其结果可想而知。

正气歌

文天祥

【作者简介】

见爱国篇《南安军》作者简介。

【原文】

天地有正气，杂然赋流形。下则为河岳，上则为日星。
于人曰浩然，沛乎塞苍冥。皇路当清夷，含和吐明庭。
时穷节乃见，一一垂丹青。在齐太史简，在晋董狐笔。
在秦张良椎，在汉苏武节。为严将军头，为嵇侍中血。
为张睢阳齿，为颜常山舌。或为辽东帽，清操厉冰雪。
或为出师表，鬼神泣壮烈。或为渡江楫，慷慨吞胡羯。
或为击贼笏，逆竖头破裂。是气所磅礴，凛烈万古存。
当其贯日月，生死安足论！地维赖以立，天柱赖以尊。
三纲实系命，道义为之根。嗟予遘阳九，隶也实不力。
楚囚缨其冠，传车送穷北。鼎镬甘如饴，求之不可得。
阴房阒鬼火，春院闭天黑。牛骥同一皂，鸡栖凤凰食。
一朝蒙雾露，分作沟中瘠。如此再寒暑，百沴自辟易。
嗟哉沮洳场，为我安乐国。岂有他缪巧，阴阳不能贼。
顾此耿耿存，仰视浮云白。悠悠我心悲，苍天曷有极！
哲人日已远，典刑在夙昔。风檐展书读，古道照颜色。

【译文】

天地之间有一股堂堂正气，它赋予万物而变化为各种体形。

在下面就表现为山川河岳，在上面就表现为日月辰星。

在人间被称为浩然之气，它充满了天地和寰宇。

国运清明太平的时候，它呈现为祥和的气氛和开明的朝廷。

时运艰危的时刻，义士就会出现，他们的光辉形象一一垂于丹青。

在齐国有舍命记史的太史简，在晋国有坚持正义的董狐笔。

在秦朝有为国报仇的张良椎，在汉朝有赤胆忠心的苏武。

它还表现为宁死不降的严将军的头，表现为拼死抵抗的嵇侍中的血。

表现为张睢阳誓师杀敌而咬碎的牙齿，表现为颜常山仗义骂贼而被割的舌。

有时又表现为避乱辽东喜欢戴白帽的管宁，他那高洁的品格胜过了冰雪。

有时又表现为写出《出师表》的诸葛亮，他那死而后已的忠心，让鬼神感泣。

有时表现为祖逖渡江北伐时的楫，激昂慷慨发誓要吞灭胡羯。

有时表现为段秀实痛击奸人的笏，逆贼的头颅顿时破裂。

这种浩然之气充塞于宇宙乾坤，正气凛然不可侵犯而万古长存。

当这种正气直冲霄汉贯通日月之时，活着或死去根本用不着去谈论。

大地靠着它才得以挺立，天柱靠着它才得以支撑。

三纲靠着它才能维持生命，道义靠着它才有了根本。

可叹的是我遭遇了国难，实在是无力去安国杀贼。

穿着朝服却成了阶下囚，被人用驿车送到了穷北。

如受鼎镬之刑对我而言，就像喝糖水，为国捐躯那是求之不得。

牢房内闪着点点鬼火，一片静谧，春院里的门直到天黑都始终紧闭。

老牛和骏马被关在一起共用一槽，凤凰住在鸡窝里像鸡一样饮食起居。

一旦受了风寒染上了疾病，那沟壑定会是我的葬身之地，

如果能这样再经历两个寒暑，各种各样的疾病就自当退避。

可叹的是如此阴暗低湿的处所，竟成了我安身立命的乐土住地。

其中难道有什么奥秘？一切寒暑冷暖都不能伤害我的身体。

因为我胸中有一颗丹心永远存在，功名富贵对于我如同天边的浮云。

我心中的忧痛深广无边，请问苍天何时才会有终极！

先贤们一个个已离我远去，他们的形象已经铭记在我的心里。

屋檐下，我沐着清风展开书来读，古人的光辉将照耀我坚定地走下去。

【赏析】

景炎三年（1278），文天祥在广东海丰兵败被俘。次年，被押解至元大都（今北京）。文天祥在狱中三年，受尽各种威逼利诱，但始终坚贞不屈。1281年夏，在湿热、腐臭的牢房中，文天祥写下了与《过零丁洋》一样名垂千古的《正气歌》。

全篇的结构核心是“时穷节乃见”。作者先以“天地有正气”发端，然后层层陪衬，突出“时穷节乃见”。之后，再列举“哲人”事迹证明“时穷节乃见”；又以自己囚于土牢而坚贞不屈来表明“时穷节乃见”。全诗篇幅宏大而主旨突出、脉络分明。浩然正气直贯全篇，故列述古人事迹和己身遭遇而无堆砌之感。先写古人而后写自身，并表明“时穷节乃见”的古人正是自己的楷模，表现出他的浩然正气植根于中华民族优秀文化传统的沃壤之中。

长诗，又是五言之体，容易写得平板拖沓，但这首诗却以其慷慨悲壮，拨人心弦，使读者倍受感染。这主要是诗人充塞胸中的浩然正气流溢其闻，使诗作元气淋漓，毫无干涩之感；且词气滂沛，笔力遒劲，格调沉雄。全诗以平和稳健的散文化语言，紧紧围绕对浩然正气的礼赞，于夹叙夹议中，层层深入推进展开。首言浩然之气之源与形，简括干练。中间，一通史诗性的列举，虽繁富而不累赘，十二位忠臣义士的烈举，一气呵成，俨然大河奔流，滔滔东去，且诗人三易排比句组的语言，使诗富于变化。这种表现形式上的雄浑与浩然正气意蕴上的雄威极为一致，充分地体现出全诗的底蕴：“是气所磅礴，凛烈万古存。当其贯日月，生死安足论。”同时，也使读者鲜明地感受到作者那襟怀正气、柱天维地的高大形象。《正气歌》凡六十句，隔句一韵，通篇四韵，平仄间押，以此将诗之情韵导而逶迤，又寓激荡于从容；既浑灏苍古，又顿挫扬抑，回肠荡气。

这首诗采用古体诗的语调写成，而不采用近体诗的排偶整饬，显得高古悲壮，酣畅淋漓地表现了作者的忠肝义胆、铮铮铁骨；在歌赞先烈的同时，展现了作者伟大的爱国主义精神，塑造了一位正气凛然的爱国英雄形象。

淮南子·主术训

刘　安

【作者简介】

刘安的父亲刘长，是汉高祖的庶子，被封为淮南王。刘安作为长子，承袭父爵，故亦称淮南王。刘安撰作《淮南子》的目的，是针对初登基帝位的汉武帝刘彻，反对他所推行的政治改革。

《淮南子》，又名《淮南鸿烈》，原书内篇二十一卷，中篇八卷，外篇三十三卷，至今存世的只有内篇，现今出版版本大多对内篇进行删减后再出版。"说林、说山、人闲诸篇多纪古事。"这部书的思想内容以道家思想为主，同时夹杂着先秦各家的学说，故《汉书·艺文志》将之列为杂家类。梁启超说："《淮南鸿烈》为西汉道家言之渊府，其书博大而有条贯，汉人著述中第一流也。"胡适说："道家集古代思想的大成，而淮南书又集道家的大成。"刘文典写有《淮南鸿烈集解》。

【原文】

人主之术，处无为之事，而行不言之教。清静而不动，一度而不摇，因循而任下，责成而不劳。是故心知规而师傅谕导，口能言而行人称辞，足能行而相者先导，耳能听而执正进谏。是故虑无失策，谋无过事；言为文章，行为仪表于天下；进退应时，动静循理；不为丑美好憎，不为赏罚喜怒；名各自名，类各自类，事犹自然，莫出于己。故古之王者，冕而前旒，所以蔽明也；黈纩塞耳，所以掩聪；天子外屏，所以自障。故所理者远则所在者迩，所治者大则所守者小。夫目妄视则淫，耳妄听则惑，口妄言则乱。夫三关者，不可不慎守也。若欲规之，乃是离之；若欲饰之，乃是贼之。

天气为魂，地气为魄；反之玄房，各处其宅，守而勿失，上通太一。太一之精，通于天道。天道玄默，无容无则，大不可极，深不可测，尚与人化，知不能得。

昔者神农之治天下也，神不驰于胸中，智不出于四域，怀其仁诚之心，甘雨时降，五谷蕃植，春生夏长，秋收冬藏。月省时考，岁终献功，以时尝谷，祀于明堂。明堂之制：有盖而无四方，风雨不能袭，寒暑不能伤。迁延而入之，养民以公。其民朴重端悫，不忿争而财足，不劳形而功成，因天地之资而与之和同，是故威厉而不杀，刑错而不用，法省而不烦，故其化如神。其地南至交趾，北至幽都，东至旸谷，西至三危，莫不听从。当此之时，法宽刑缓，囹圄空虚，而天下一俗，莫怀奸心。

【译文】

君主治理天下，应实施无为而治，推行无须说教就能使人明白的原则。君主自身应清静而不浮躁，坚持自然法度而不动摇；以顺循事物固有特性的态度任用下属，充分发挥群臣百官的作用，使他们各尽其责而自己不必亲自操劳和费心。所以，根据上述的原则，君主心里明白，藏有韬略却让国师来晓喻开导，能说会道却让行人去陈说，脚腿灵便却让相者引导宾客，耳朵聪敏却由执政官员来转达百官意见或计谋。因而，君主考虑问题便不会失策，行动计划便不会出错；言论合理，行为可作天下之表率；

进退适合时宜，动静遵循原理；也不会因事物的美丑而产生好恶之情，更不会因赏罚而喜怒；事物叫什么名称就随它叫什么名称，事物属什么类别就让它属什么类别；事物是什么样子都是自然而然的，并不是由个人意志所决定的。所以，古代帝王君主戴的冠冕前面装饰一串珠玉，是用来遮挡视线的；冠冕两侧垂悬的绵丸球，是用来堵塞耳朵的；皇帝宫外设立的屏风，是用来阻隔自己、远离小人的。因此，君主管辖的范围越远，所审察的范围却越近；治理的事情越大，所操持的事情却越小（越简约）。眼睛乱看则易淫邪，耳朵乱听则易迷惑，嘴巴乱说则易搅乱。这三道关口，平时不可不谨慎把持。如果要去规范它，则是离散了它；如果要去修饰它，则是伤害了它。

接受天之阳气的叫魂，接受地之阴气的叫魄；魂魄返聚心体玄房，各自处于自己的位置，持守而不散失，人的精神就能上通太一元气。这太一元气是与天道融会相通的。天道沉静玄妙，没有形貌，也没有常态规则；其大不可极，其深不可测；它常与人一起化育，而人的智慧无法把握它。

过去，神农氏治理天下，精神沉静而不躁动驰骋于胸中，智慧藏匿而不显露于身外，只怀着一颗仁爱真诚之心。因而，自然界甘雨及时降落，五谷繁茂生长，春生夏长，秋收冬藏。按月检查，每季考察，到年底向祖宗神灵汇报丰收的喜讯；按季节尝吃新谷，在明堂祭祀祖宗神灵。明堂的建制式样，有顶盖而无四面墙壁，但风雨不能侵袭，寒暑也不能伤害。每当祭祀祖宗神灵时，怀着公心养育民众的神农氏，率领随从胸襟坦荡步履从容地进入明堂。他的民众朴素稳重、正直诚实，不用互相争夺，因为财物富足，不用过分劳累身体而能大功告成。他凭借着大自然的资助，而与天地自然融为一体。所以，他尽管身处威厉地位，却从不逞威逞凶；制定刑法政令，却不必动用；法令简略而不繁杂，所以对民众的教化功效神奇。他的管辖范围南到交趾，北到幽都，东到旸谷，西到三危，各处无不听从归附。在这个时候，法律宽厚，刑罚轻缓，监狱空虚，而天下风俗纯一，谁也不怀奸诈之心。

【赏析】

该书在继承先秦道家思想的基础上，糅合了阴阳、墨、法和一部分儒家思想，但主要的宗旨属于道家。“鸿”是广大的意思，“烈”是光明的意思。作者认为，此书如道一样包括了广大而光明的通理。

朱子治家格言

朱用纯

【作者简介】

朱用纯（1627—1698），字致一，自号柏庐，江苏省昆山市人。其父朱集璜是明末的学者。朱用纯自幼致力读书，曾考取秀才。志于仕途，明亡后不再求取功名，居乡教授学生并潜心于程朱理学，主张知行并进，一时颇负盛名。康熙曾多次征召，然均为先生所拒绝。著有《删补易经蒙引》《四书讲义》《劝言》《耻耕堂诗文集》和《愧讷集》等。《朱子治家格言》又名《朱子家训》，通篇意在劝人勤俭持家、安分守己。它将中国几千年形成的道德教育思想，以名言警句的形式表达出来，可以口头传训，也可以写成对联、条幅挂在大门、厅堂和居室，作为治理家庭和教育子女的座右铭。因此，很为官宦、士绅和书香门第乐道。自问世以来流传甚广，被历代士大夫尊为“治家之经”。清至民国年间，一度成为童蒙必读课本之一。《朱子家训》仅522字，精辟地阐明了修身治家之道，是一篇家教名著。其中，许多内容继承了中国传统文化的优秀特点，比如，尊敬师长、勤俭持家、邻里和睦等，在今天仍然有现实意义。当然，其中封建性的糟粕如对女性的某种偏见、迷信报应、自得守旧等是那个时代的历史局限，我们是不能苛求于前人的。

【原文】

黎明即起，洒扫庭除，要内外整洁。既昏便息，关锁门户，必亲自检点。一粥一饭，当思来处不易；半丝半缕，恒念物力维艰。宜未雨而绸缪，毋临渴而掘井。自奉必须俭约，宴客切勿留连。器具质而洁，瓦缶胜金玉。饮食约而精，园蔬胜珍馐。勿营华屋，勿谋良田。

三姑六婆，实淫盗之媒。婢美妾娇，非闺房之福。奴仆勿用俊美，妻妾切忌艳妆。祖宗虽远，祭祀不可不诚。子孙虽愚，经书不可不读。居身务期质朴，教子要有义方。勿贪意外之财，勿饮过量之酒。

与肩挑贸易，勿占便宜。见贫苦亲邻，须多温恤。刻薄成家，理无久享。伦常乖舛，立见消亡。兄弟叔侄，须多分润寡。长幼内外，宜法属辞严。听妇言，乖骨肉，岂是丈夫。重资财，薄父母，不成人子。嫁女择佳婿，毋索重聘。娶媳求淑女，毋计厚奁。

见富贵而生谗容者，最可耻。遇贫穷而作骄态者，贱莫甚。居家戒争讼，讼则终凶。处世戒多言，言多必失。毋恃势力而凌逼孤寡，勿贪口腹而恣杀生禽。乖僻自是，悔误必多。颓惰自甘，家道难成。狎昵恶少，久必受其累。屈志老成，急则可相依。轻听发言，安知非人之谮诉，当忍耐三思。因事相争，安知非我之不是，须平心暗想。

施惠勿念，受恩莫忘。凡事当留余地，得意不宜再往。人有喜庆，不可生妒忌心。人有祸患，不可生喜幸心。善欲人见，不是真善。恶恐人知，便是大恶。见色而起淫心，报在妻女。匿怨而用暗箭，祸延子孙。

家门和顺，虽饔飧不继，亦有余欢。国课早完，即囊橐无余，自得至乐。读书志在圣贤，为官心存君国。守分安命，顺时听天。为人若此，庶乎近焉。

【译文】

每天黎明就要起床，先用水来洒湿厅堂内外的地面，然后扫地，使厅堂内外整洁；到了黄昏便要休息，并亲自查看一下要关锁的门户。

对于一顿粥或一顿饭，我们应想着来之不易；对于衣服的半根丝或半条线，我们也要常念着这些物资的产生是很艰难的。

凡事先要准备，像没到下雨的时候，要先把房子修补完善；不要到了口渴的时候，才来掘井。

在自己的生活上必须节约，聚在一起吃饭，切勿流连忘返。

餐具质朴而干净，虽是用泥土做的瓦器，也比金玉制的好；食品节约而精美，虽是园里种的蔬菜，也胜于山珍海味。

不要营造华丽的房屋，不要图买良田。

社会上不正派的女人，都是奸淫和盗窃的媒介；美丽的婢女和娇艳的姬妾，不是家庭的幸福。

家童、奴仆，不可雇用英俊美貌的，妻、妾切不可有艳丽的妆饰。

祖宗虽然离我们年代久远了，祭祀却要虔诚；子孙虽然愚笨，“五经”“四书”却要诵读。

自己生活节俭，以做人的正道来教育子孙。

不要贪不属于你的财，不要喝过量的酒。

和做小生意的挑贩们交易，不要占他们的便宜；看到穷苦的亲戚或邻居，要关心他们，并且要对他们有金钱或其他方面的援助。

对人刻薄而发家的，绝没有长久享受的道理。行事违背伦常的人，很快就会消亡。

兄弟叔侄之间要互相帮助，富有的要资助贫穷的；一个家庭要有严正的规矩，长辈对晚辈言辞应庄重。

听信妇人挑拨，而伤了骨肉之情，哪里配做一个大丈夫呢？看重钱财，而薄待父母，不是为人子女的道理。

嫁女儿，要为她选择贤良的夫婿，不要索取贵重的聘礼；娶媳妇，须求贤淑的女子，不要贪图丰厚的嫁妆。

看到富贵的人，便做出巴结讨好的样子，是最可耻的；遇着贫穷的人，便做出骄傲的态度，是最鄙贱的。

居家过日子，禁止争斗诉讼。一旦争斗诉讼，无论胜败，结果都不吉祥。处世不可多说话，言多必失。

不可用势力来欺凌压迫孤儿寡妇，不要贪口腹之欲而任意地宰杀牛羊鸡鸭等动物。

性格古怪、自以为是的人，必会因常常做错事而懊悔；颓废懒惰，沉溺不悟，是难成家立业的。

亲近不良的少年，日子久了，必然会受牵累；恭敬自谦，虚心地与那些阅历多而善于处事的人交往，遇到急难的时候，就可以受到他的指导或帮助。

他人来说长道短，不可轻信，要再三思考，因为怎知道他不是来说人坏话呢？因事相争，要冷静反省自己，因为怎知道不是自己的过错呢？

对人施了恩惠，不要记在心里；受了他人的恩惠，一定要常记在心。

无论做什么事，当留有余地；得意以后，就要知足，不应该再进一步。

他人有了喜庆的事情，不可有妒忌之心；他人有了祸患，不可有幸灾乐祸之心。

做了好事，而想他人看见，就不是真正的善人。做了坏事，而怕他人知道，就是真的恶人。

看到美貌的女性而起邪心的，将来会报应在自己的妻女身上；怀怨在心而暗中伤害人的，将会给自己的子孙留下祸根。

家里和气平安，虽缺衣少食，也觉得快乐；尽快缴完赋税，即使口袋所剩无余，也自得其乐。

读圣贤书，目的在学圣贤的行为，不只为了科举及第；做一个官吏，要有忠君爱国的思想，怎么可以考虑自己和家人的享受？

我们守住本分，努力工作生活，上天自有安排。

如果能够这样做人，那就差不多和圣贤做人的道理相合了。

【赏析】

《朱子家训》从治家的角度谈了安全、卫生、勤俭、有备、饮食、房田、婚姻、美色、祭祖、读书、教育、财酒、戒性、体恤、谦和、无争、交友、自省、向善、纳税、为官、顺应、安分、积德等诸方面的问题，核心就是要让人成为一个正大光明、知书明理、生活严谨、宽容善良、理想崇高的人，这也是中国文化的一贯追求。大家如果真正依此践行，不仅能成为一个有高尚情操的人，更能构建美满家庭，进而构建和谐社会。

《朱子家训》之所以三百年间在中国有这么大的影响，除了它集中体现了中国人修身齐家的理想与追求，更重要的是它用了一种既通俗易懂又讲究语言骈偶的形式。通俗易懂则容易被广大民众接受，语言骈偶则朗朗上口，容易记忆。

阅读链接

《朱子家训》的版本编辑有两种，一种为朱柏庐所作，另一种为南宋著名理学家朱熹所作。朱柏庐所作《朱子家训》，原名为《治家格言》；朱熹所作《朱子家训》，原题为《紫阳朱子家训》，而“紫阳”是朱熹的别号。

朱文公的《朱子家训》和朱柏庐的《治家格言》，是在不同时代，由不同的朱家先贤所撰写出来的不同的传世巨作。很可惜，世人多把他们的文章搞混了。通常，人们多以《朱子家训》来称呼朱柏庐的《治家格言》，朱熹老夫子真正的《朱子家训》一般人多不了解。

——朱祥南（朱子25世孙，世界朱氏联合会会长）

格言联璧（处事类）

金　缨

【作者简介】

金缨，字兰生，清朝后期生于浙江山阴一个颇为富有的书香人家，编著有《格言联璧》一书，生卒年不详。

【原文】

处难处之事愈宜宽，处难处之人愈宜厚，处至急之事愈宜缓，处至大之事愈宜平，处疑难之际愈宜无意。

不自反者，看不出一身病痛。不耐烦者，做不成一件事业。

日日行，不怕千万里。常常做，不怕千万事。

过去事丢得一节是一节，现在事了得一节是一节，未来事省得一节是一节。

居处必先精勤，乃能闲暇。凡事务求停妥，然后逍遥。

无心者公，无我者明。

任事者，当置身利害之外。建言者，当设身利害之中。

无事时，戒一偷字；有事时，戒一乱字。

提得起，放得下，算得到，做得完，看得破，撇得开。

救已败之事者，如驭临崖之马，休轻策一鞭。图垂成之功者，如挽上滩之舟，莫少停一棹。

以真实肝胆待人，事虽未必成功，日后人必见我之肝胆。以诈伪心肠处事，人即一时受惑，日后人必见我之心肠。

天下无不可化之人，但恐诚心未至。天下无不可为之事，只怕立志不坚。

处人不可任己意，要悉人之情。处事不可任己见，要悉事之理。

事到手，且莫急，便要缓缓想。想得时，切莫缓，便要急急行。

事有机缘，不先不后，刚刚凑巧。命若蹭蹬，走来走去，步步踏空。

【译文】

处理难处理的事，越应宽大；与不好相处的人在一起，越应宽厚；处理紧急的事，情绪越要和缓；处理重大的事，态度越应平和；处于被怀疑或艰难的境地，心中越应坦然。

不自我反省的人，看不出自己一身的病痛；不耐烦的人，不能成就一件事业。

天天走路，不怕千万里路遥；天天做事，不怕千万件事多。

过去的事，不必多计较；现在的事，能做多少是多少；未来的事，不必自寻烦恼。

生活工作首先要勤快，才能有所闲暇。一切事务都能处理得当，才能逍遥自在。

心中没有成见，则处事公平；心中没有自我，则光明正大。

当事人应置身于利害之外，提出倡议的人则应置身于利害之中，才能知道利弊得失。

无事可做时，要戒除苟且偷安的心理；事情多时，要戒掉手忙脚乱的毛病。

有见识的人做事能提得起，放得下，算得到，做得完，看得破，撇得开。

挽救失败的事，就好像驾驭悬崖边的马，不能轻拍一鞭；对于即将成功的事，就好像拉船上沙滩，不能稍停一桨。

用真诚待人，事情虽不一定成功，日后他人必定知我真心诚意；以欺骗的心肠处事，别人一时或许受到迷惑，但日久必见我心肠狡诈。

天下没有不能教化的人，只怕诚心不够；天下没有不能成功的事，只怕志向不坚定。

与人相处，不能随自己的意志，要了解人情世故；做事不能固执己见，要明白事情的道理。

事情来临时，不能着急，要周全考虑解决的方法；想到解决的方法时，不能怠缓，一定要尽快果决执行。

做成一件事确实得有机缘，机缘就是不前不后，恰好凑巧赶上了；人的命运也有倒霉不顺的时候，忙来忙去，一事无成。

【赏析】

《格言联璧》一书，按儒家大学、中庸之道，以“诚意”“正心”“格物”“致知”“修身”“齐家”“治国”“平天下”等主要内容为框架，收集有关这些内容的至理格言，按当时人的阅读习惯分为八类，从个人、家庭到社会、国家，凡所应有，无所不有。作者的用意在于以金科玉律之言，作暮鼓晨钟之警。即用圣贤先哲的至理格言来鞭策启迪童蒙，使其从小懂得做人的道理，树立远大的人生志向，努力进取，长大以后成为于国于家有用的人。该书说理之切、举事之赅、择辞之精、成篇之简，皆萃古今。每一条事理内涵丰富，广博精微，言有尽而意无穷，先哲的聪明智慧和无限期望尽在这连珠妙语之中。一册在手，揣摩研读，细心体会，必能驾驭人生的真谛，游刃于生活空间；既能修身齐家，又能报效社会。因而，其成书问世后即为宫廷收藏，并流传于民间，远播海外，成为影响深远、读者众多、历久不衰的蒙学读本。

论语·雍也（节选）

【作品简介】

见本书诚信篇《论语·颜渊（节选）》的作品简介。

【原文】

仲弓问子桑伯子。子曰：“可也，简。”仲弓曰：“居敬而行简，以临其民，不亦可乎？居简而行简，无乃大简乎？”子曰：“雍之言然。”

哀公问：“弟子孰为好学？”孔子对曰：“有颜回者好学，不迁怒，不贰过，不幸短命死矣！今也则亡，未闻好学者也。”

子华使于齐，冉子为其母请粟。子曰：“与之釜。”请益。曰：“与之庾。”冉子与之粟五秉。子曰：“赤之适齐也，乘肥马，衣轻裘。吾闻之也，君子周急不继富。”

原思为之宰，与之粟九百，辞。子曰：“毋！以与尔邻里乡党乎！”

子曰：“回也，其心三月不违仁，其余则日月至焉而已矣。”

子曰：“贤哉，回也！一箪食，一瓢饮，在陋巷，人不堪其忧，回也不改其乐。贤战，回也！”

子谓子夏曰：“女为君子儒，无为小人儒。”

【译文】

仲弓问子桑伯子这个人怎么样。孔子说：“还可以，办事简要而不烦琐。”仲弓说：“居心恭敬严肃而行事简要，像这样来治理百姓，不是也可以吗？（但是）自己马马虎虎，又以简要的方法办事，这岂不是太简单了吗？”孔子说：“冉雍，这话你说得对。”

鲁哀公问孔子：“你的学生中谁最好学？”孔子回答说：“有一个叫颜回的学生，他从不迁怒于别人，也从不重犯同样的过错。不幸，他命短。现在没有那样的人了，也没有听说谁是好学的。”

子华出使齐国，冉求替他的母亲向孔子请求补助一些谷米。孔子说：“给她六斗四升。”冉求请求再增加一些。孔子说：“再给她二斗四升。”冉求却给了她八十斛。

孔子说：“公西赤到齐国去，乘坐着肥马驾的车子，穿着又暖和又轻便的皮袍。我听说过，君子只周济急需救济的人，而不周济富人。”

原思给孔子家当总管，孔子给他俸米九百，原思推辞不要。孔子说：“不要推辞，（你如果不要）拿去给你的邻里乡亲吧。”

孔子说：“颜回这个人，他的心可以在长时间内不离开仁德，其余的学生则只能在短时间内做到仁而已。”

孔子说：“颜回的品质是多么高尚啊！一箪饭，一瓢水，住在简陋的小屋里，别人都忍受不了这种穷困清苦，颜回却没有改变他好学的品性。颜回的品质是多么高尚啊！”

孔子对子夏说：“你要做君子儒，不要做小人儒。”

【赏析】

孔子主张办事简明扼要，不烦琐，不拖拉，果断利落。但任何事情都不可太过分。如果在办事时，一味追求简要，却马马虎虎，就有些不够妥当了。所以，孔子听完仲弓的话后，认为仲弓说得很对。

孔子极为称赞他的得意门生颜回，认为他好学上进。但自颜回死后，他觉得已经没有如此好学的人了。在孔子对颜回的评价中，他特别谈到“不迁怒”“不贰过”这两点。从中也可以看出，孔子教育学生，重在培养他们的道德情操。其中包含有深刻的哲理。

孔子主张“君子周急不济富”，这是从儒家“仁爱”的思想出发。孔子的“爱人”学说，并不是狭隘地爱自己的家人和朋友，而带有一定的普遍性。但他又认为，君子周济的只应是穷人而不应是富人，应“雪中送炭”，而不是“锦上添花”。这种思想符合人道主义。

以“仁爱”之心待人，是儒家的传统。孔子提倡周济贫困者，是极富同情心的做法。

颜回是孔子的得意门生，他对孔子以“仁”为核心的思想有着深刻的理解，而且将“仁”贯穿于自己的行动与言论当中。所以，孔子赞扬他“三月不违仁”，而别的学生“则日月至焉而已”。

孔子又一次称赞颜回，对他作了高度评价。这里讲颜回“不改其乐”，这也就是“贫贱不能移”的精神。这里包含了一个具有普遍意义的道理，即人总是要有一点精神的，为了自己的理想，就要不断追求，即使生活清苦困顿，也自得其乐。

孔子提出了“君子儒”和“小人儒”的区别，要求子夏做君子儒，不要做小人儒。“君子儒”是指地位高贵、通晓礼法、具有理想人格的人；“小人儒”则指地位低贱、不通礼仪、品格平庸的人。

菜根谭·修省

洪应明

【作品简介】

《菜根谭》是明代还初道人洪应明收集编著的一部论述修养、人生、处世、出世的语录集。该书内容分“修省”“应酬”“评议”“闲适”“概论”五部分，是一部融合儒、释、道三家人生哲学的论述修身养性、为人处世的书，对于人的正心修身、养性育德有不可思议的潜移默化的力量。其文字简练明隽，兼采雅俗。似语录，而有语录所没有的趣味；似随笔，而有随笔所不易及的整饬；似训诫，而有训诫所缺乏的亲切醒豁；且有雨余山色，夜静钟声，点染其间，其所言清霏有味，风月无边。

【原文】

欲做精金美玉的人品，定从烈火中煅来；思立掀天揭地的事功，须向薄冰上履过。

一念错，便觉百行皆非，防之当如渡海浮囊，勿容一针之罅漏；万善全，始得一生无愧。修之当如凌云宝树，须假众木以撑持。

忙处事为，常向闲中先检点，过举自稀；动时念想，预从静里密操持，非心自息。

为善而欲自高胜人，施恩而欲要名结好，修业而欲惊世骇俗，植节而欲标异见奇，此皆是善念中戈矛，理路上荆棘，最易夹带，最难拔除者也。须是涤尽渣滓，斩绝萌芽，才见本来真体。

能轻富贵，不能轻一轻富贵之心；能重名义，又复重一重名义之念。是事境之尘氛未扫，而心境之芥蒂未忘。此处拔除不净，恐石去而草复生矣。

纷扰固溺志之场，而枯寂亦槁心之地。故学者当栖心玄默，以宁吾真体。亦当适志恬愉，以养吾圆机。

昨日之非不可留，留之则根柢复萌，而尘情终累乎理趣；今日之是不可执，执之则渣滓未化，而理趣反转为欲根。

无事，便思有闲杂念想否；有事，便思有粗浮意气否；得意，便思有骄矜辞色否；失意，便思有怨望情怀否。时时检点，到得从多入少、从有入无处，才是学问的真消息。

士人有百折不回之真心，才有万变不穷之妙用。立业建功，事事要从实地着脚，若少慕声闻，便成伪果：讲道修德，念念要从虚处立基，若稍计功效，便落尘情。

身不宜忙，而忙于闲暇之时，亦可儆惕惰气；心不可放，而放于收摄之后，亦可鼓畅天机。

钟鼓体虚，为声闻而招击撞；麋鹿性逸，因豢养而受羁縻。可见名为招祸之本，欲乃散志之媒。学者不可不力为扫除也。

一念常惺，才避去神弓鬼矢；纤尘不染，方解开地网天罗。

一点不忍的念头，是生民生物之根芽；一段不为的气节，是撑天撑地之柱石。故君子于一虫一蚁不忍伤残，一缕一丝勿容贪冒，变可为万物立命、天地立心矣。

拨开世上尘氛，胸中自无火焰冰竞；消却心中鄙吝，眼前时有月到风来。

学者动静殊操，喧寂异趣，还是锻炼未熟，心神混淆故耳。须是操存涵养，定云止水中，有鸢飞鱼跃的景象；风狂雨骤处，有波恬浪静的风光，才见处一化齐之妙。

心是一颗明珠。以物欲障蔽之，犹明珠而混以泥沙，其洗涤犹易；以情识衬贴之，犹明珠而饰以银黄，其洗涤最难。故学者不患垢病，而患洁病之难治；不畏事障，而畏理障之难除。

躯壳的我要看得破，则万有皆空而其心常虚，虚则义理来居；性命的我要认得真，则万理皆备而其心常实，实则物欲不入。

面上扫开十层甲，眉目才无可憎；胸中涤去数斗尘，语言方觉有味。

完得心上之本来，方可言了心；尽得世间之常道，才堪论出世。

我果为洪炉大冶，何患顽金钝铁之不可陶熔。我果为巨海长江，何患横流污读之不能容纳。

白日欺人，难逃清夜之愧赧；红颜失志，空贻皓首之悲伤。

以积货财之心积学问，以求功名之念求道德，以爱妻子之心爱父母，以保爵位之策保国家，出此入彼，念虑只差毫末，而超凡入圣，人品且判星渊矣。人胡不猛然转念哉！

立百福之基，只在一念慈祥；开万善之门，无如寸心挹损。

塞得物欲之路，才堪辟道义之门；弛得尘俗之肩，方可挑圣贤之担。

容得性情上偏私，便是一大学问；消得家庭内嫌雪，才为火内栽莲。

事理因人言而悟者，有悟还有迷，总不如自悟之了了；意兴从外境而得者，有得还有失，总不如自得之休休。

情之同处即为性，舍情则性不可见；欲之公处即为理，舍欲则理不可明。故君子不能灭情，唯事平情而已；不能绝欲，唯期寡欲而已。

欲遇变而无仓忙，须向常时念念守得定；欲临死而无贪恋，须向生时事事看得轻。

一念过差，足丧生平之善；终身检饬，难盖一事之愆。

从五更枕席上参勘心体，气未动，情未萌，才见本来面目；向三时饮食中谙练世味，浓不欣，淡不厌，方为切实工夫。

【译文】

一个人要想练就良金美玉般的人格品行，一定要如同烈火炼钢般经历艰苦磨炼；一个人要想建立惊天动地的事业功绩，必须如履薄冰般经历险峻的考验。

一念之差铸成错事，便觉事事不如意，处处难作为。因此，防止出错应如同防止借以渡海的浮水皮囊出现缝隙或漏洞一样，哪怕针眼大小的漏洞也不行。万种善良品德齐聚一身，才能让人一生中不再感到有什么惭愧。因此，修炼善良品德应如同培植高耸入云的参天大树需要凭借众多树木的支撑扶持一样，需要多多积累善良品德。

一个人总是忙忙碌碌，但在闲暇时一定要及时反省，以减少过分举动之类的错误；行动时的各种设想，如能预先心平气和地周密规划部署，行动时就可以控制自己的急躁情绪和各种妄念。

做了好事总想着趁机抬高自己、超过别人，给人一点恩惠总想着借此结交好友，做了一点功德总想着让世人惊骇，树立节操总想着标新立异，这些都是好的思想中的不良倾向，也是追求义理道路上的障碍，最容易混杂夹带，最难拔除。这些私心杂念必须全部清除，断绝它们的萌芽之根。如此，才能显现人心向善的真实本体。

能够轻视富贵，心中却摆脱不了渴望富贵的心思；能够重视名义，心中却念念不忘名义之外的名声。这是因为在现实社会中并没有摆脱世俗的影响，而内心世界存有各种私心杂念。这些私心杂念不消灭干净，则如石头之下的小草。一旦石头移去，小草就会重新生长。

社会的纷乱骚扰固然会沉溺心志，而归隐山林的枯燥寂寞也让人心气渐消。所以读书做学问的人应从自己的内心寻求安静闲适，以保持本我志向不受干扰；也应适当地从事一些恬淡愉快的活动，以培养圆通机变的心智。

过去的错误不可以保留，否则它会寻得机会再次萌发，其中的世俗之情终要伤害你的义理情趣；现在正确的也不可以过于执着，过于执着就会激起心中残存的私心杂念，如此则义理情趣又为情欲所控制。

无所事事时，多想想自己有没有闲杂念头；有事忙碌时，多想想自己有没有粗率浮躁、意气用事；人生得意时，多想想自己有没有骄傲自负的言语和表情；人生失意时，多想想自己有没有怨天尤人。经常这样反省，最终会发现自己的缺点、错误越来越少，以至于无，这才是做学问的高境界。

读书人要有百折不回的坚强意志和决心，才能拥有随机应变、用之不尽的奇妙智慧。要想建功立业，就要脚踏实地干好每一件事情。如果心存哪怕一丁点羡慕虚名的念头，就难成正果；要想修心养德，就要专心于心性道德的修养。如果总想着计较功利得失，则会落入世俗之中。

不要让自己忙忙碌碌，但在闲暇之时找些事做，可以让自己避免陷入懈怠懒惰之中；不要让自己的心志放松，但在高度紧张之后适当放松，可以让自己心气高涨，精神振奋。

钟鼓形体空虚，为了声音的传播而招致敲打撞击；麋鹿本性喜欢在野外奔跑，因贪恋豢养的舒适而被羁绊，失去自由。可见，追求声名会招致灾祸，贪图利欲会涣散心志，读书做学问的人要努力清除这些东西。

每动一个念头都保持清醒的头脑，这样就可以避开明枪暗箭的攻击；洁身自好不染纤尘，这样就可以冲破天罗地网般的各种威逼利诱。

一点点不忍心的想法，也是百姓或万物生长的机会；一点点不作为、肯舍弃的气度节操，也是支撑天地的柱石。所以，品德高尚又有见识的人，对一虫一蚁也不忍心伤害，对丝线小利也不去贪占，这样就可为世间万物安立生机，为天地人间树立心魂了。

拨去人世间的尘俗气氛，胸中便没有各种欲望或人情冷漠的煎熬折磨；消除抛却内心里的鄙俗吝情，眼前便时常会有明月清风，心胸何等酣畅。

读书做学问的人，如果于一闹一静中操行殊异，这还是缺少锻炼、心神混杂未成熟的缘故。必须修炼操行涵养，于风平浪静中看到鸢飞鱼跃，于狂风暴雨中看到恬静风光，这才显出以不变应万变、视万物如一的高妙修养。

心似一颗明亮的珍珠。用物质欲望遮蔽它，犹如明珠混杂于泥土沙石，清洗起来还算容易；用才情见识包装它，犹如明珠被装饰上黄金白银，要清洗辨认最为困难。所以，读书做学问的人不担心染有坏习惯，而担心这些坏习惯难以根除；不害怕做事有何障碍，而害怕追求义理之路上障碍重重。

我的身躯如壳，看破了，则万物皆空，就可以虚心学习义理；我的性命实存，须是认真对待。如此，则学会各种道理而让心灵充实，心灵充实就不会受物欲的侵扰。

脸面上洗去十层盔甲般的灰尘，容貌才净洁而不令人生厌；心胸中涤荡数斗尘土，谈吐才会让人感到有滋有味。

能够完全看清自己内心深藏的本性，才算对自己了然于心；能够参透世间不变的道理，才足以谈论出世。

如果我果真是规模宏大的熔炉、技术精湛的工匠，何必担心不能陶铸熔炼坚硬的金属、粗劣的铁矿？如果我果真是大海、长江，何必担心不能容纳横溢的河流、污浊的沟渠？

白天做了欺负人的事，夜深人静时难免自感愧疚；年轻时丧失意志，年老时只能留下悔恨和悲伤。

以积累财富的心思积累学问，以求取功业名声的念想追求道德修养，以爱妻子儿女的情怀爱父母，以保全封赐等级的计谋保卫国家由这里出从那里入，这两种考虑差别极其细微，然而能超越平常人而达到圣贤的境界，人的品性道德却有天渊之别。人为什么不能幡然醒悟改变那些不正确的想法呢？

一个慈爱祥和的念头就可建立百般幸福的根基，而要开启万般善良的大门，最好的办法是抑制自己的任何一点点私心杂念。

只有堵塞个人物欲之路，才能开辟道德义理之门；只有摈弃凡尘世俗之累，才可担当圣人贤达之责。

体谅宽容他人性格中偏离正统的私心杂念，就是很有水平的体现；消解得了家庭内部霜雪般冷漠的怨嫌，才能从身处的烦恼中解脱出来，达到清凉境界。

事理因为别人的劝导而领悟的，难免有些领悟，有些依然迷惑，总是比不上自己弄清楚来得透彻；意境兴致从外界情境得到的，似有所得还有所失，总是比不上自己内心感悟到的来得安逸快乐。

情感志趣相同之处为人的秉性，舍弃了情感志趣，人的秉性也就找不到了；众人公认的欲望欲念就是义理，没有了欲望欲念，义理就说不清了。所以，品德高尚又有见识的人不是消灭情感志趣，只是不会遇事冲动而已；也不是禁绝欲望欲念，只是希望适当克制而已。

想要在遭遇变故时不仓促慌忙，平时就应深思熟虑，意志坚定；想要在临死时不再贪惜留恋什么，活着时就应凡事看得轻淡些。

一念之差，一生所行善事足可丧失殆尽；一生谨慎检点，也难掩盖曾经犯过的一次过错。

清晨起床时即审视反省自己，此时心气较平静，性情未萌动，更能把握自己的内在本性；在一日三餐中，可以学习体验人世百味。如果饭菜味浓而不欣喜，清淡而不厌弃，这就有了扎扎实实的处世功夫。

【赏析】

为人处世，讲的是情商的高低。智商再高，没有良好的人际关系做基础，没有一个高的情商做保证，也不可能成功。

吾当日三省自我。一是闲时。闲时难免无聊，无聊便会生事，事由心中的杂欲而来。所以闲时，就要告诫自己心安气定，或看书，或访友，或出游，或多看看父母亲人，尽一下自己的未尽责任；或利用闲时，为下一步很好地做一个安排和规划。

二是忙时。忙而有乱，难免有不当、不妥、不到之处。在现实中，因忙而心浮气躁，就有话说得不合适而得罪人的，也有难免疏漏、做事不周全的。所以忙时，更要忙而不乱，沉着冷静，多精心，多检点，就可及时弥补、完善和扎实工作。

三是成功时。成功时，不能骄傲自满或妄自尊大或目中无人。此时的自己在别人的眼中和自己的心中都处于一个极敏感期，所以要把心态放平、放缓、放和，才不至于把事情和关系搞砸，更不至于把小问题演变为大矛盾。

四是人生失意遇到坎坷时。此时不能心灰意懒、怨天怨地，而要冷静下来好好思索失败的原因、失意的根由，要多从自身和主观上找原因，这样才能吸取教训，转败为胜。有句话这样说："没有做不到的，只有想不到的。"做事考虑周全，付诸实践，才能十拿九稳。

一个人在日常处事和工作、学习中，能做到胜不骄，败不馁，遇事沉着镇定，喜怒不形于色，保持一个良好的心态和正常的斗志，就一定能扎扎实实、一步一个脚印地走好自己的人生之路，拥有自己的成功。

韩非子·大体

韩非子

【作者简介】

见诚信篇《韩非子·外储说左上（节选）》作者简介。

【原文】

古之全大体者：望天地，观江海，因山谷，日月所照，四时所行，云布风动；不以智累心，不以私累己；寄治乱于法术，托是非于赏罚，属轻重于权衡：不逆天理，不伤情性；不吹毛而求小疵，不洗垢而察难知；不引绳之外，不推绳之内；不急法之外，不缓法之内；守成理，因自然；祸福生乎道法，而不出乎爱恶；荣辱之责在乎己，而不在乎人。故至安之世，法如朝露，纯朴不散，心无结怨，口无烦言。故车马不疲弊于远路，旌旗不乱乎大泽，万民不失命于寇戎，雄骏不创寿于旗幢；豪杰不著名于图书，不录功于盘盂，记年之牒空虚。故曰：利莫长于简，福莫久于安。

使匠石以千岁之寿，操钩，视规矩，举绳墨，而正太山；使贲、育带干将而齐万民；虽尽力于巧，极盛于寿，太山不正，民不能齐。故曰：古之牧天下者，不使匠石极巧以败太山之体，不使贲、育尽威以伤万民之性。因道全法，君子乐而大奸止。淡然闲静，因天命，持大体。故使人无离法之罪，鱼无失水之祸。如此，故天下少不可。

上不天则下不遍覆，心不地则物不毕载。太山不立好恶，故能成其高；江海不择小助，故能成其富。故大人寄形于天地而万物备，历心于山海而国家富。上无愤怒之毒，下无伏怨之患，上下交朴，以道为舍。故长利积，大功立，名成于前，德垂于后，治之至也。

【译文】

古代能全面把握事物的整体和根本的人是这样的：瞭望天地的变化，观察江海的水流，顺应山谷的高低，遵循日月照耀、四时运行、云层分布、风向变动的自然法则；不让智巧烦扰心境，不让私利拖累自身；把国家的治乱寄托在法术上，把事物的是非寄托在赏罚上，把物体的轻重寄托在权衡上；不违背自然常规，不伤害人的性情；不吹开毛发来求小疵，不洗去污垢来察隐秘；不拉到准绳的外面，也不推到准绳的里面；对法禁以外的事情不苛刻，对法禁以内的事情不宽容；把握恒定的道理，顺应自然的规律；祸和福产生于是否遵守客观法则和国家法度，而不是产生于主观上的喜爱和厌恶；荣誉和耻辱的责任在于自己，而不在于他人。所以，秩序良好的社会，法制好比早晨的露水那样纯洁质朴而不散漫，让人们的心里没有积聚难解的怨恨、口中没有愤愤不平的言论。所以，车马没有远途奔跑的劳累，旌旗没有兵败大泽的纷乱，民众不会因为外敌侵犯而丧命，勇士不战死在将军的旗帜之下；英雄豪杰不把名字记录在图书上，不把战功铭刻在盘盂上，国家编年的史册无事可记。所以说，没有比政令清简的好处更大的了，没有比天下太平的福遂更久的了。

让匠石长寿千年，拿着钩子，看着规矩，弹好墨线，而修整泰山；让孟贲、夏育带着利剑，去治理民众。他们尽管能在技巧上用尽力气，又能特别长寿，但泰山仍然得不到修整，民众仍然得不到治理。所以说，古代统治天下的人，不让匠石用尽技巧来毁坏泰山山体，不让孟贲、夏育用尽威力来伤害万民情性。依据普遍法则，全面把握法度，君主就能享受安乐，大奸就会停止作恶。淡泊闲静，来顺应自然法则，来把握事物的整体和根本。所以，能使民众没有触犯法令的罪过，能使鱼没有离开水面的祸害。正因如此，天下才会太平。

上面如果没有辽阔的天，就不能覆盖整个世界；心胸如果没有大地那样宽广，就不能负载万物。泰山对土石没有好恶之心，所以它才能变得高大；江海对细流不加选择，所以它才能变得深广。所以，君子要像天地那样遍覆毕载而使万物齐备，要像山海那样不立好恶、不择小助而使国家富强。君主没有愤怒引起的毒害，臣民没有积怨造成的祸患，君主和臣民都返璞归真，把道作为归宿。所以长远的利益积聚了，巨大的功业建立了，名望树立于生前，恩德流传于后世，这就是治理国家的最高境界。

【赏析】

大体，就是全体、根本。

文章主张治理国家要顺应自然法则，不要去做不可能的事，不要去破坏自然本来的规律。民众能做的事情，民众自己自然会做，用不着当权者操心；民众不想做的事情，当权者再想做也做不成。所以，最好的办法就是顺其自然，无为而无不为。

识大体、顾大局的人，心胸就要像天空一样辽阔，像泰山一样高大，像江海一样浩瀚。若是心胸只有针眼那么大，眼睛里揉不进一粒沙子，耳朵里听不进半句真话，那么，不要说治理国家了，连一个家庭都不可能治理好。

孟子·滕文公下（其一）

孟　子

【作者简介】

孟子（前372—前289），名轲，字子舆（待考，一说字子车或子居），战国时期鲁国人，鲁国庆父后裔；中国古代著名思想家、教育家，战国时期儒家代表人物，著有《孟子》一书。孟子继承并发扬了孔子的思想，成为仅次于孔子的一代儒家宗师，有“亚圣”之称，与孔子合称为“孔孟”。

《滕文公下》是儒家经典《孟子》中的一篇。

【原文】

陈代曰：“不见诸侯，宜若小然；今一见之，大则以王，小则以霸。且《志》曰：‘枉尺而直寻。’宜若可为也。”

孟子曰：“昔齐景公田，招虞人以旌，不至，将杀之。志士不忘在沟壑，勇士不忘丧其元。孔子奚取焉？取非其招不往也。如不待其招而往，何哉？且夫枉尺而直寻者，以利言也。如以利，则枉寻直尺而利，亦可为与？昔者赵简子使王良与嬖奚乘，终日而不获一禽。嬖奚反命曰：‘天下之贱工也。’或以告王良。良曰：‘请复之。’强而后可，一朝而获十禽。嬖奚反命曰：‘天下之良工也。’简子曰：‘我使掌与女乘。’谓王良。良不可，曰：‘吾为之范我驰驱，终日不获一；为之诡遇，一朝而获十。诗云：不失其驰，舍矢如破。我不贯与小人乘，请辞。’御者且羞与射者比；比而得禽兽，虽若丘陵，弗为也。如枉道而从彼，何也？且子过矣：枉己者，未有能直人者也。”

【译文】

陈代说："不去拜见诸侯，似乎只是拘泥于小节吧。如今，一去拜见诸侯，大则可以实施仁政，使天下归服；小则可以称霸诸侯。况且《志》书上说'弯曲着一尺长，伸展开来八尺长'，似乎是可以这样以屈求伸的吧。"

孟子说："从前齐景公打猎，用旌旗召唤猎场的管理员，那管理员因为他召唤的方式不对而不予理睬，齐景公想杀了他。有志之士不怕弃尸山沟，勇敢的人不怕丢掉脑袋。孔子认为那猎场管理员有哪一点可取呢？就是取他因召唤方式不当，就不去的精神。如果我不等到诸侯的召唤就自己上门，是为了什么呢？况且，所谓弯曲着一尺长，伸展开来八尺长的说法，是从利益的角度来考虑问题的。如果从利益的角度来考虑问题，就算是弯曲着八尺长，伸展开一尺长，那也是有利益的啊，不也是可行的吗？从前，赵简子命令王良为他所宠爱的名叫奚的小臣驾车去打猎，整整一天没有打着一只猎物。奚回去后向赵简子报告说：'王良真是天下最不会驾车的人了！'有人把这话告诉了王良。王良便对奚说：'请让我再为您驾一次车。'奚勉强同意。结果一个早晨就打了十只猎物。奚回去后，又向赵简子报告说：'王良真是天下最会驾车的人啊！'赵简子说：'我让他专门为你驾车吧。'赵简子把他的想法告诉王良，王良不同意，说：'我按规矩为他驾车，他一整天都打不到一只猎物；我不按规矩为他驾车，他却一个清晨就打了十只猎物。《诗经》说，按照规矩驾车，箭一发出就中的。我不习惯为他这样的小人驾车，请您让我辞去这份差事。'驾车的人尚且羞于与不好的射手合作，即便合作能打到堆积如山的猎物也不干。如果我现在背离正道去追随那些诸侯，那又是为了什么呢？况且，你的看法是错误的：自己不正直，是不可能使别人正直的。"

【赏析】

陈代为孟子所出的是一个以屈求伸的主意。"枉尺而直寻"，先弯曲自己，哪怕显得只有一尺长，有朝一日实现抱负，伸展开来，就可以有八尺长了。

陈代所说的，其实正是苏秦、张仪等纵横家的做法。先顺着诸侯们的胃口来，然后再慢慢实施自己的思想主张。说穿了，有一点机会主义的味道。所以，孟子坚决不同意，而以"志士不忘在沟壑，勇士不忘丧其元"的方正刚直为行为主张。

同时，以齐景公时的猎场管理员和赵简子时的优秀驾驶员王良为范例，说明了君子在立身出处上不能苟且、不能搞机会主义的道理。最后指出，机会主义的路其实也是走不通的，因为，"枉己者，未有能直人者也"。自己的思想扭曲，怎么还可能去让别人正直呢？这就又回到他的前辈孔子的说法上去了：“不能正其身，如正人何？”（《论语·子路》）自己不能做到正直，怎么可能去让别人正直呢？

这两个观点在内容上大同小异，没有多大区别。只不过，孟子的出发点是反对投机取巧的机会主义。

从这里我们可以看到，虽然孔、孟都很倡导通权达变的思想，但在立身处世的出处方面，却是非常认真而不可苟且。因为，对他们而言，这是一个原则问题。

或许正是因为坚持这个原则而影响了他们的学说为当世所用，使他们在世的时候没有机会“大行其道”。但从另一方面而言，也许正因为他们坚持了这个原则，所以他们的学说才在后世流传下来，历千年而不衰，而他们也成为圣人、亚圣。

论语·述而（节选）

【作品简介】

见诚信篇《论语·颜渊（节选）》的作品简介。

【原文】

子曰：“仁远乎哉？我欲仁，斯仁至矣。”

陈司败问：“昭公知礼乎？”孔子曰：“知礼。”孔子退，揖巫马期而进之，曰：“吾闻君子不党，君子亦党乎？君取于吴，为同姓，谓之吴孟子。君而知礼，孰不知礼？”巫马期以告。子曰：“丘也幸，苟有过，人必知之。”

子与人歌而善，必使反之，而后和之。

子曰：“文，莫吾犹人也。躬行君子，则吾未之有得。”

子曰：“若圣与仁，则吾岂敢？抑为之不厌，诲人不倦，则可谓云尔已矣。”公西华曰：“正唯弟子不能学也。”

子疾病，子路请祷。子曰："有诸？"子路对曰："有之。《诔》曰：'祷尔于上下神祇。'"子曰："丘之祷久矣。"

子曰："奢则不孙，俭则固。与其不孙也，宁固。"

子曰："君子坦荡荡，小人长戚戚。"

子温而厉，威而不猛，恭而安。

【译文】

孔子说："仁义难道离我很远吗？只要我想达到仁义，仁义就来了。"

陈司败问："鲁昭公懂得礼吗？"孔子说："懂得礼。"孔子离开后，陈司败向巫马期作了个揖，请他走近自己，对他说："我听说，君子是没有偏私的，难道君子还包庇他人吗？鲁昭公从吴国娶了一位女子做夫人，因此女子与鲁国君同姓，于是称她为吴孟子。如果鲁昭公是知礼的，还有谁不知礼呢？"巫马期把这句话告诉了孔子。孔子说："我真是幸运，如果有错，他人一定会知道。"

孔子与别人一起唱歌，如果唱得好，一定要请这个人再唱一遍，然后他跟着和。

孔子说："就书本知识而言，也许我和别人差不多。做一个身体力行的君子，那我还没有做到。"

孔子说："如果说到圣与仁，那我怎么敢当？不过（向圣与仁的方向）努力而不感到厌烦，教诲别人也从不感觉疲倦，则可以这样说的。"公西华说："这正是我们学不到的。"

孔子病情严重，子路向鬼神祈祷。孔子说："有这回事吗？"子路说："有的。《诔》文上说，'为你向天地神灵祈祷。'"孔子说："我很久以来就在祈祷了。"

孔子说："奢侈了就会越礼，节俭了就会寒酸。与其越礼，宁可寒酸。"

孔子说："君子心胸宽广，小人经常忧愁。"

孔子温和而又严厉，威严而不凶猛，庄重而又安详。

【赏析】

孔子说，君子心胸开阔，思想上坦率洁净，外貌动作也会显得十分舒畅安定。小人心里欲念太多，心理负担很重，就常忧虑、担心，外貌、动作也会显得忐忑不安，常是坐不定、站不稳的样子。

那么，何谓小人？何谓君子？

不同时代有不同的定义。古时候，小人是小人物，君子是大名家。古时候的小人物为了生存，所作所为，必定难有大家之气。而君子不必有这种顾虑，自然思想能更上一层，忧国忧民。

当今的小人与君子则侧重于品性上的定义。小人温饱已无忧，但爱打小算盘、占小便宜以满足不劳而获的私利，或是暗中排挤别人以达己利，或是气度狭窄而斤斤计较。君子是爱财有度，取之有道，能懂得体谅与宽容；爱自己而不伤人，爱他人而得众利；爱国爱民爱家，敬岗敬业敬亲。

论语·里仁

【作品简介】

见诚信篇《论语·颜渊（节选）》的作品简介。

【原文】

子曰："里仁为美。择不处仁，焉得知？"

子曰："不仁者不可以久处约，不可以长处乐。仁者安仁，知者利仁。"

子曰："唯仁者能好人，能恶人。"

子曰："苟志于仁矣，无恶也。"

子曰："富与贵，是人之所欲也，不以其道得之，不处也。贫与贱，是人之所恶也；不以其道得之，不去也。君子去仁，恶乎成名？君子无终食之间违仁，造次必于是，颠沛必于是。"

子曰："我未见好仁者，恶不仁者。好仁者，无以尚之；恶不仁者，其为仁矣，不使不仁者加乎其身。有能一日用其力于仁矣乎？我未见力不足者。盖有之矣，我未见也。"

子曰："人之过也，各于其党。观过，斯知仁矣。"

子曰："朝闻道，夕死可矣。"

子曰："士志于道，而耻恶衣恶食者，未足与议也。"

子曰："君子之于天下也，无适也，无莫也，义之与比。"

子曰："君子怀德，小人怀土；君子怀刑，小人怀惠。"

子曰："放于利而行，多怨。"

子曰："能以礼让为国乎？何有？不能以礼让为国，如礼何？"

子曰："不患无位，患所以立。不患莫己知，求为可知也。"

子曰："参乎！吾道一以贯之。"曾子曰："唯。"子出，门人问曰："何谓也？"曾子曰："夫子之道，忠恕而已矣。"

子曰："君子喻于义，小人喻于利。"

子曰："见贤思齐焉，见不贤而内自省也。"

子曰："事父母，几谏，见志不从，又敬不违，劳而不怨。"

子曰："父母在，不远游。游必有方。"

子曰："三年无改于父之道，可谓孝矣。"

子曰："父母之年，不可不知也。一则以喜，一则以惧。"

子曰："古者言之不出，耻躬之不逮也。"

子曰："以约失之者鲜矣。"

子曰："君子欲讷于言而敏于行。"

子曰："德不孤，必有邻。"

子游曰："事君数，斯辱矣；朋友数，斯疏矣。"

【译文】

孔子说："跟有仁德的人住在一起，才是好的。如果你选择的住处不是跟有仁德的人在一起，怎么能说你是明智的呢？"

孔子说："没有仁德的人不能长久地处在贫困中，也不能长久地处在安乐中。有仁德的人是安于仁道的，有智慧的人则是知道仁德对自己有利才去行仁道的。"

孔子说："只有那些有仁德的人，才能爱人和恨人。"

孔子说："如果立志践行仁德，就不会做坏事了。"

孔子说："富裕和显贵是人人都想要得到的，但不用正当的方法得到它，就不会接受；贫穷与低贱是人人都厌恶的，但不用正当的方法去摆脱它，就不会摆脱。君子如果没有了仁德，又怎么能叫君子呢？君子就是在吃一顿饭这么短的时间内，也没有背离过仁德；就是在最紧迫的时刻，也必须按照仁德办事；就是在颠沛流离的时候，也一定会按仁德办事。”

孔子说：“我没有见过爱好仁德的人，也没有见过厌恶不仁的人。爱好仁德的人，是不能再好的了；厌恶不仁不义的人，在践行仁德的时候，不让不仁德的人影响自己。有人能一天都致力于践行仁德吗？我还没有看见力量不够的。这种人可能还是有的，但我没见过。”

孔子说：“人们的错误，各有它的类别。观察一个人所犯的错误，就能知道他有没有仁德。”

孔子说：“早晨得知了道，就是当天晚上死去，也心甘。”

孔子说：“士有志于（学习和实行圣人的）道理，但又以自己吃穿得不好为耻辱的，对这种人，是不值得与他谈论道的。”

孔子说：“君子对于天下的人和事，没有特别的厚薄亲疏，只是按照义去做。”

孔子说：“君子关心的是道德，小人关心的是田土；君子关心的是法制，小人关心的是好处。”

孔子说：“为追求利益而行动，就会招致很多的怨恨。”

孔子说：“能够用礼让的原则来治理国家吗？那有何难？不能用礼让的原则来治理国家，礼有何用呢？”

孔子说：“不担心没有职位，只担心靠什么胜任职位。不担心没有人知道自己，只求自己成为有真才实学值得为人们知道的人。”

孔子说：“参啊！我讲的道是由一个基本的思想贯彻始终的。”曾子说：“是。”孔子出去之后，有同学便问曾子：“这是什么意思？”曾子说：“老师的道，就是忠恕罢了。”

孔子说："君子明白大义，小人只知道小利。"

孔子说："见到贤人，就应该向他学习、看齐；遇到不贤的人，就应自我反省（自己有没有与他相类似的错误）。"

孔子说："侍奉父母，（如果父母有不对的地方）要委婉地劝说他们。自己的意见没有被听从，还是要对他们恭恭敬敬，不违抗，替他们操劳而不怨恨。"

孔子说："父母在世，不远离家乡；如果不得已要出远门，也必须告知父母自己去的地方。"

孔子说："如果三年没有改变父亲的处世原则，这可以称得上孝了。"

孔子说："父母的年纪，不可不知道。一方面为他们的长寿而高兴，一方面又为他们的衰老而担心。"

孔子说："古人不轻易把话说出口，因为他们以自己做不到为耻。"

孔子说："用礼仪来约束自己，犯错误的人就少了。"

孔子说："君子说话要谨慎，而行动要敏捷。"

孔子说："有德行的人是不会孤单的，一定会有志同道合的同伴。"

子游说："侍奉君主太过烦琐，就会受到侮辱；对待朋友太烦琐，就会被疏远。"

【赏析】

本篇是《论语》的第四篇，包括26章，是论语核心思想"仁"的重点阐述，在《论语》中占据着重要位置。其主要内容涉及义与利的关系问题、个人的道德修养问题、孝敬父母的问题以及君子与小人的区别。这一篇包括了儒家的若干重要范畴、原则和理论，对后世产生了较大影响。

开篇孔子便提到："里仁为美。择不处仁，焉得知？"孔子说："跟有仁德的人住在一起，才是好的。如果你选择的住处不是跟有仁德的人在一起，怎么能说你是明智的呢？""里"为动词，居住也。仁，并非只能存在于大道理中，也存在于生活琐事之中。居住地人与人之间的相处、居住地人们的修养，都可以上升为仁。人与人组成社会，社会之风气来自人与人之间的相处之道，这便是仁最本初的意思。

子曰："不仁者不可以久处约，不可以长处乐。仁者安仁，知者利仁。"孔子说："没有仁德的人不能长久地处在贫困中，也不能长久地处在安乐中。有仁德的人是安于仁道的，有智慧的人则是知道仁义对自己有利才去行仁道的。"没有仁德修养的人，在逆境中只会失意忘形，在顺境中得意忘形。而有仁德修养的人则会安贫乐道，富贵不淫。真正有智慧的人，修养达到"仁"的境界，无论贫穷还是富有，无论得意还是失意，都会乐天知命，安之若素。此种仁德的修养，要靠坚持不懈的信念达成。

子曰："君子怀德，小人怀土；君子怀刑，小人怀惠。"孔子说："君子关心的是道德，小人关心的是田土；君子关心的是法制，小人关心的是好处。"君子对违背道德的事情是坚决反对的。君子爱财取之有道，而小人为了获取物质利益可以不择手段，更不会考虑法律的制裁。这也是个人修养的问题。

阅读链接

知耻近乎勇

《孔子集语·杂事》记载：孔子的弟子子路自诩很勇敢，但孔子始终认为他只是个愤愤然的勇夫，并未领悟"勇"的真谛。某次，孔子游山，子路随行。孔子口渴，让子路去打水。子路在水边遇到一只老虎，兴奋得发狂，扔了水瓢就和老虎搏斗起来。几个回合下来，子路把老虎打死了，并把虎尾巴扯下揣在怀里，回来问孔子："上士打虎如何？"孔子发现他的水瓢不见了，怀里还露出一个毛茸茸的东西，马上就明白了，于是回答："持虎头。"子路又问："中士打虎如何？"孔子回答："持虎耳。"子路急了，再问："下士打虎如何？"孔子回答："持虎尾。"子路愤懑不已，自己徒手和老虎搏斗险些搭上性命，才落了个"下士"。他跑到一边，把老虎尾巴扔掉，揣了个石头回来，恶狠狠地问孔子："上士杀人用什么？"孔子脸色不变："用笔。""中士杀人用什么？""用语言"。"下士杀人用什么？""用石头。"子路垂头丧气，心服口服，扔了石头，不言语。孔子这才说："你已是勇士了，因为'知耻近乎勇'。"

诫子书

诸葛亮

【作者简介】

诸葛亮（181—234），字孔明，号卧龙（也作伏龙），徐州琅琊阳都（今山东临沂市沂南县）人；三国时期蜀汉丞相，杰出的政治家、军事家、散文家、书法家、发明家。在世时被封为武乡侯，死后追谥忠武侯，东晋政权因其军事才能特追封他为武兴王。其代表作有《出师表》《诫子书》等。他曾发明木牛流马、孔明灯等，并改造连弩，被称为诸葛连弩，可一弩十矢俱发；于建兴十二年（234）在五丈原（今宝鸡岐山境内）逝世。

《诫子书》是诸葛亮写给其子诸葛瞻的，全文短短86字，阐述了敬业奉献、修身养性、治学做人的深刻道理，读来发人深省。它可以看作是诸葛亮对自己一生的总结。诸葛亮是一位品格高洁、才学渊博的父亲，对儿子的殷殷教诲与无限期望尽在言中。我们从这些智慧理性、简练谨严的文字中，能感受到为人父者深切的爱子之情。

【原文】

夫君子之行，静以修身，俭以养德。非淡泊无以明志，非宁静无以致远。夫学须静也，才须学也，非学无以广才，非志无以成学。淫慢则不能励精，险躁则不能治性。年与时驰，意与日去，遂成枯落，多不接世，悲守穷庐，将复何及！

【译文】

有道德修养的人，依靠内心安静来修养身心，以俭朴节约财物来培养自己高尚的品德。不恬静寡欲，无法明确志向；不排除外来干扰，无法达到远大目标。学习必须静心专一，而才干来自勤奋学习。如果不学习就无法增长自己的才干，不明确志向就不能在学习上获得成就。过度享乐就不能勉励心志、使精神振作，冒险草率、急躁不安就不能修养性情。年华随时光而驰，意志随岁月逐渐消逝，最终枯败零落，对社会没有任何贡献，晚年守着破房子痛惜过去，还怎能来得及呢！

【赏析】

古代家训，大都浓缩了作者毕生的生活经历、人生体验和学术思想等方面内容，不仅使其子孙获益颇多，也为今人提供借鉴。三国时的蜀汉丞相诸葛亮被后人誉为“智慧之化身”，他的《诫子书》也可谓是一篇充满智慧之语的家训，是古代家训中的名作。文章阐述修身养性、治学做人的深刻道理，成为修身立志的名篇。

《诫子书》的主旨是劝勉儿子勤学立志，修身养性要从淡泊宁静中下功夫，最忌怠惰急躁。文章概括了做人治学的经验，着重围绕一个“静”字加以论述，同时把失败归结为一个“躁”字，对比鲜明。

诸葛亮教育儿子，要“淡泊”自守，“宁静”自处，鼓励儿子勤学励志，从淡泊和宁静的自身修养上狠下功夫。他说，“夫学须静也，才须学也，非学无以广才，非志无以成学”。意思是说，不安定清静就不能为实现远大理想而长期刻苦学习，要学得真知必须使身心在宁静中研究探讨，人的才能是从不断地学习中积累起来的；不下苦功学习就不能增长自己的才干，没有坚定不移的意志就不能使学业成功。诸葛亮教育儿子，切忌心浮气躁、举止荒唐。在书信的后半部分，他则以慈父的口吻谆谆教导儿子：少壮不努力，老大徒伤悲。这话听起来似乎是老生常谈，但它是慈父教诲儿子的，字字句句是心中真话，是他人生的总结，因而格外令人珍惜。

文章短小精悍，言简意赅；文字清新雅致，不事雕琢；说理平易近人。这些都是这篇文章的艺术魅力。

论语·颜渊（节选）

【作品简介】

见诚信篇《论语·颜渊（节选）》的作品简介。

【原文】

子曰：“博学于文，约之以礼，亦可以弗畔矣夫。”

子曰：“君子成人之美，不成人之恶。小人反是。”

季康子问政于孔子，孔子对曰："政者，正也。子帅以正，孰敢不正？"

季康子患盗，问于孔子。孔子对曰："苟子之不欲，虽赏之不窃。"

季康子问政于孔子曰："如杀无道以就有道，何如？"孔子对曰："子为政，焉用杀？子欲善而民善矣。君子之德风，小人之德草，草上之风必偃。"

子张问："士何如斯可谓之达矣？"子曰："何哉尔所谓达者？"子张对曰："在邦必闻，在家必闻。"子曰："是闻也，非达也。夫达也者，质直而好义，察言而观色，虑以下人。在邦必达，在家必达。夫闻也者，色取仁而行违，居之不疑。在邦必闻，在家必闻。"

樊迟从游于舞雩之下，曰："敢问崇德、修慝、辨惑。"子曰："善哉问！先事后得，非崇德与？攻其恶，无攻人之恶，非修慝与？一朝之忿，忘其身，以及其亲，非惑与？"

子贡问友，子曰："忠告而善道之，不可则止，毋自辱焉。"

曾子曰："君子以文会友，以友辅仁。"

【译文】

孔子说："广泛地学习了文化典籍，再用礼来加以约束，也就能做到不离经叛道了。"

孔子说："君子成全别人的好事，而不助长别人的恶处。小人则与此相反。"

季康子问孔子如何治理国家，孔子回答说："政就是正的意思。您本人带头走正路，那么还有谁敢不走正道呢？"

季康子担忧盗窃，问孔子怎么办，孔子回答说："假如您自己不贪图财利，即使奖励偷窃，也没有人偷盗。"

季康子问孔子如何治理政事，说："如果杀掉无道的人来成全有道的人，怎么样？"孔子说："您治理政事，哪里用得着杀人的手段呢？您只要想行善，老百姓也会跟着行善。在位者的品德好比风，在下的人的品德好比草，风吹到草上，草就必定跟着倒。"

子张问："士怎样才可以叫作通达？"孔子说："你说的通达是什么意思？"子张答道："在国君的朝廷里必定有名望，在大夫的封地里也必定有名望。"孔子说："这只是虚假的名声，不是通达。所谓通达，那是要品质正直，遵从礼义，善于揣摩别人的话语，观察别人的脸色，经常想着谦恭待人。这样的人，就可以在国君的朝廷和大夫的封地里通达。至于有虚假名声的人，只是外表上装出仁德的样子，而行动上却违背了仁道，自己还以仁人自居。但他无论在国君的朝廷里，还是大夫的封地里，都必定会有名望。"

樊迟陪着孔子在舞雩台下散步，说："请问怎样提高品德修养？怎样改正自己的邪念？怎样辨别迷惑？"孔子说："问得好。先努力做事，然后才有所收获，不就是提高品德吗？反省自己的错误，不指责别人的错误，这不就是改正邪念吗？由于一时的气愤，就忘记了自身的安危，以至于连累自己的亲人，这不就是迷惑吗？"

子贡问怎样对待朋友。孔子说："忠诚地劝告他，恰当地引导他，如果不听也就罢了，不要自取其辱。"

曾子说："君子以文章学问来结交朋友，依靠朋友帮助自己培养仁德。"

【赏析】

《论语》作为一部涉及人类生活诸多方面的儒家经典著作，许多篇章谈到做人的问题，这对当代人具有借鉴意义。其一，做人要正直磊落；其二，做人要重视"仁德"。这是孔子在做人问题上强调最多的问题。在孔子看来，仁德是做人的根本，但处于第一位的"仁"不是先天就有的，而是后天"修身""克己"的结果。当然，孔子还提出仁德的外在标准，这就是"刚、毅、木、讷近仁"。

第二节 修身小故事

孟母三迁

孟子是战国时期的大思想家。孟子从小丧父，家中全靠母亲一人日夜纺纱织布，维持生活。孟母是个勤劳而有见识的妇女，她希望自己的儿子读书上进，早日成才。

一次，孟母看到孟子在跟邻居家的小孩儿打架，孟母觉得这里的环境不好，于是就搬家了。

又一天，孟母看见邻居铁匠家里支着个大炉子，几个满身油污的铁匠师傅在打铁。孟子呢，正在院子的角落里，用砖块作铁砧，用木棍作铁锤，模仿着铁匠师傅的动作，玩得正起劲儿呢！孟母一想，这里环境还是不好，于是又搬了家。

这次，她把家搬到了荒郊野外。一天，孟子看到一个穿着孝服的送葬队伍，哭哭啼啼地抬着棺材来到坟地，几个精壮小伙子用锄头挖好墓穴，把棺材埋了。他觉得挺好玩，就模仿着他们的动作，也用树枝挖开地面，认认真真地把一根小树枝当作死人埋了下去。直到孟母来，他才被拉回了家。

于是，孟母第三次搬家。这次他们家的隔壁是一所学堂，有个胡子花白的老师教一群大大小小的学生读书。老师每天摇头晃脑地领着学生念书，那拖腔拖调的声音就像唱歌，调皮的孟子也跟着摇头晃脑地念了起来。孟母以为儿子喜欢读书，高兴得很，就把孟子送去上学。

可是有一天，孟子逃学了。等孟子玩够了回来，孟母把他叫到身边，说："你贪玩逃学不读书，就像剪断了的线一样，织不成布；织不成布，就没有衣服穿；不好好读书，你就永远成不了材。"说着，拿起剪刀，"哗"的一声，把织机上将要织好的布全剪断了。

见状，孟子一下愣住了。这一次，他心里真正受到了震动。他认真地思考了很久，终于明白了母亲这样做的原因，从此专心读起书来。由于他天资聪明，后来又专门跟孔子的孙子子思学习，成了儒家学说的主要代表人物。

“三尺巷”的故事

泰州的许多民居，大都是明清时代的建筑，无论是官宦还是商贾、名流，其住宅极为讲究。他们有了钱，不是置地，就是置房产。于是，一般户与户之间不是一墙相隔，就是以巷子相隔。

相传，有相邻的两户人家。一家有人在外地做官，另一家是本城的商贾，两家都在建房子。房子建得差不多了，在砌围墙时，双方为地界发生了争执。当时的泰州有“寸土必争”的老传统，不要说邻里之间，就是兄弟之间为了争祖业，也是吵得不可开交，终至“鸡犬相闻，老死不相往来”。为了区区三尺地，无论是官宦人家，还是商贾大户都各不相让。做官的那一家，拿出撒手锏——连忙去信给做官的人告状。

隔了不久，做官的人回信，信上说：“来信为争三尺房，让他三尺又何妨？万里长城今犹在，不见当年秦始皇。”于是，这家人遵信所嘱，在离原地界退后三尺砌上围墙。对面那一商家，看到此景，深受感动，也在原地界退后三尺砌上围墙。这两道围墙中间形成一条巷子，后人就给这条巷子取名为“三尺巷”。

这个故事一直流传下来，发人深省。

石碏大义灭亲

春秋前期，朝歌（今河南淇县）为卫国都城。

石碏，春秋时卫国大夫。卫庄公有三个儿子，老大叫姬完，老二叫姬晋，老三叫州吁。州吁最受卫庄公宠爱，养成残忍暴戾的性格，无恶不作，成为朝歌大害。

当时，老臣石碏为人耿直，体恤百姓疾苦。他几次劝卫庄公管教约束州吁，但卫庄公不听，州吁作恶日甚。

石碏的儿子石厚，常与州吁并车出猎，还为非作歹。石碏大怒，用鞭子抽打他五十下，锁入房内。石厚越窗逃出，住进州吁府内，仍天天跟着州吁胡作非为，祸害百姓。

卫庄公死后，姬完继位，称卫桓公。石碏见他生性懦弱无为，便告老还乡，不参与朝政。此时，州吁更加横行霸道。公元前 719 年，州吁听计于石厚，杀害卫桓公并谋夺王位。州吁、石厚为制服国人，立威邻国，就贿赂鲁、陈、蔡、宋等国，大肆强征青壮年男子去打郑国。当时，朝歌有民谣云：“一雄毙，一雄兴，歌舞变刀兵，何时见太平？”州吁见百姓不拥戴自己，甚忧。石厚又让州吁去请其父石碏出来共掌国政。州吁派大臣带白璧一双、白粟五百钟去请石碏。石碏拒收礼品，推说病重回绝。见状，石厚亲自回家请。

石碏早想除掉祸根，为国为民除害。于是，他趁石厚请他参政，假意献计说："新主即位，能见周王，得到周王赐封，国人才肯服帖。现在，陈国国君忠顺周王，周王很赏识他，你应该和新主一同去陈国，请陈桓公向周王说情，周王便会见他。"石厚十分高兴，便备厚礼赴陈国，求陈桓公向周王通融。

见此，石碏割破手指，写下血书，派人事先送到陈国。血书写道："我们卫国民不聊生，固是州吁所为，但我逆子石厚助纣为虐，罪恶深重。二逆不诛，百姓难活。我年老体衰，力不从心。现二贼已驱车前往贵国，实老夫之谋。望贵国将二贼处死，此乃卫国之大幸。"

陈国大夫子针，与石碏有深交，见血书，上奏陈桓公。陈桓公命人将州吁、石厚抓住，就要斩首这时，群臣上奏说："石厚为石碏亲子，应慎重行事，请卫国自己来问罪。"

石碏知二贼被捉，急派人去邢国接姬晋（州吁之兄、卫宣公）就位，又请大臣议事。众臣皆曰："州吁首恶应杀，石厚从犯可免。"石碏正色道："州吁犯罪，皆我不肖子酿成，从轻发落他，难道使我徇私情、抛大义吗？"众臣默然。石碏家臣羊肩说："国老不必愤怒，我即赴陈国办理此事。"

羊肩到陈国后要杀了石厚，石厚说："我是该杀。请将我带回卫国，见我父亲后再死。"羊肩说："我奉你父命诛逆子，想见你父亲，我把你的头带回去见吧。"于是便杀了他。

石碏为国大义灭亲之事，被史学家左丘明载入史册，为人传颂至今。

名言警句

1. 古之欲明德于天下者，先治其国；欲治其国者，先齐其家；欲齐其家者，先修其身；欲修其身者，先正其心；欲正其心者，先诚其意；欲诚其意者，先致其知；致知在格物。

——《礼记》

2. 历览前贤国与家，成由勤俭破由奢。

——李商隐

3. 夫君子之行，静以修身，俭以养德，非淡泊无以明志，非宁静无以致远。

——诸葛亮

4. 凡建立功业，以立品为始基。从来有学问而能担当大事业者，无不先从品行上立定脚跟。

——徐世昌

5. 高行微言，所以修身。

——黄石公

6. 静坐常思己过，闲谈莫论人非。

——罗洪宪

7. 天行健，君子以自强不息；地势坤，君子以厚德载物。

——《周易》

8. 富贵不能淫，贫贱不能移，威武不能屈。

——《孟子》

9. 勿以恶小而为之，勿以善小而不为。

——《三国志》

10. 莫见乎隐，莫显乎微，故君子慎其独也。

——《礼记·中庸》

百学须先立志

——立志篇

『学习目标』

◎ 知识目标

1. 了解立志篇中经典诗文和立志小故事的内容和背景。
2. 体会经典诗文和故事中所表达的志向追求和奋斗精神。
3. 理解立志与人生意义的关系，并掌握相关的哲学思考。

◎ 能力目标

1. 能够分析和解读立志篇中经典诗文和立志小故事所传达的信念、追求和奋斗的真谛。
2. 能够结合自身经历和目标，制定明确的人生目标，并为之努力。
3. 能够坚持自己的信念，克服困难，努力实现理想。

◎ 素质目标

1. 培养强烈的责任感和自律能力，保持积极向上的人生态度。
2. 培养勇敢追梦的精神和自信心，培育坚韧不拔的意志力。
3. 培养愿意为理想和信念付出努力与奉献的品格。

第一节　经典诗文

报任安书（节选）

【作品简介】

见诚信篇《史记·季布栾布列传（节选）》的作品简介。

【原文】

古者富贵而名磨灭，不可胜记，唯倜傥非常之人称焉。盖文王拘，而演《周易》；仲尼厄，而作《春秋》；屈原放逐，乃赋《离骚》；左丘失明，厥有《国语》；孙子膑脚，《兵法》修列；不韦迁蜀，世传《吕览》；韩非囚秦，《说难》《孤愤》。《诗》三百篇，大抵贤圣发愤之所为作也。此人皆意有所郁结，不得通其道，故述往事，思来者。乃如左丘无目，孙子断足，终不可用，退而论书策以舒其愤，思垂空文以自见。仆窃不逊，近自托于无能之辞，网罗天下放失旧闻，略考其事，综其终始，稽其成败兴坏之纪，上计轩辕，下至于兹，为十表、本纪十二、书八章、世家三十、列传七十，凡百三十篇。亦欲以究天地之际，通古今之变，成一家之言。草创未就，会遭此祸，惜其不成，是以就极刑而无愠色。仆诚已著此书，藏之名山，传之其人，通邑大都，则仆偿前辱之责，虽万被戮，岂有悔哉！然此可为智者道，难为俗人言也。

【译文】

自古以来，虽有富贵但名声埋没的人多得记不过来，只有那些才华卓异的杰出人物才受人称颂。周文王被拘禁，推演出《周易》；孔子受困，编撰了《春秋》；屈原被流放，创作了《离骚》；左丘明双眼失明，于是有了《国语》；孙子被割去髌骨，才修纂了《兵法》；吕不韦被贬到蜀地，《吕览》才得以在世上流传；韩非被秦国囚杀，但留下《说难》《孤愤》。《诗经》三百篇，也大多是贤达圣明之人为抒发愤慨而创作的。这些人都是心中有忧郁不解的意念，他们的理想又无法实现，只好追述以往的事情，寄希望于未来。至于像左丘明双目失明，孙子双腿残废，终归是不能被重用的，只好退居下来著书立说以此排解自己的激愤，想使罄尽情思的文章流传下来，从而让后世了解自己。我私下里也不自量力，近年来把自己的抱负寄托在笨拙的文辞上，去搜罗天下散失遗落的旧闻，简略地考察以往的事件，综述它们的来龙去脉，考证它们成功与失败、兴盛与衰败的因果关系，将上起轩辕氏下至目前的历史，编成十表、十二本纪、八书、三十世家、七十列传，共计一百三十篇。也想用它来研究天地与人间的关系，弄清从古至今历史变化的规律，成就一家的说法。但是草稿还没完成，就遭遇了这样的灾祸，我因痛惜著述没有完成，所以才接受最残忍的刑罚而不表现出怨恨的神色。我如果真能完成这部书，就把它收藏在名山之中，并传给与我有共同志向的人，使四通八达的城邑与大都会的人们都了解我，那么也就抵偿了我以前所受屈辱的孽债，到那时即使再受到上万次的屠戮，难道还有什么后悔的吗！但是，这只能向明智的人讲述，很难对普通人说清。

【赏析】

《报任安书》选自《汉书·司马迁传》，是司马迁写给朋友任安的一封信。司马迁在信中叙述了自己蒙受耻辱的经过，倾吐内心的痛苦与悲愤，说明自己“隐忍苟活”的原因，表现出历经磨难却矢志不渝编撰《史记》的顽强精神。

《报任安书》全文充盈着一股由于受腐刑而导致的无处诉说的悲愤之情和怨愤之气，还昂扬着一种不达目的誓不罢休的坚强意志与对自己事业由衷的自信和自豪。节选部分采用排比句式，列举了一些“倜傥非常之人”，如周文王、孔子、屈原、左丘明等，虽身受困厄，仍顽强著述的事迹，引出自己忍辱负重，立志编撰《史记》的毕生追求，语气强烈，慷慨激昂。

龟虽寿

曹　操

【作者简介】

曹操（155—220），字孟德，一名吉利，小字阿瞒，沛国谯（今安徽亳州）人；东汉末年杰出的政治家、军事家、文学家、书法家；三国中曹魏政权的缔造者。其子曹丕称帝后，追尊其为武皇帝，庙号太祖。曹操精兵法，善诗文。其诗抒发自己的政治抱负，反映汉末人民的苦难生活，气魄雄伟，慷慨悲凉；其文清峻整洁，开启并繁荣了建安文学，给后人留下了宝贵的精神财富。同时，曹操还擅长书法，尤工章草。唐朝张怀瓘在《书断》中评其章草为“妙品”。

年轻时期的曹操机智警敏，有随机权衡应变的能力，而且任性好侠、放荡不羁；不修品行，不研究学业。所以，当时的人不认为他有什么特别的才能，只有梁国的桥玄等人认为他不平凡。桥玄对曹操说：“天下将乱，非命世之才不能济也，能安之者，其在君乎？”南阳何颙对曹操说：“汉室将亡，安天下者，必此人也。”南阳的许劭以知人著称，他也曾对曹操说过：“君清平之奸贼，乱世之英雄。”（此据《后汉书·许劭传》，《三国志》中是“治世之能臣，乱世之英雄”。孙盛《异同杂语》及《三国演义》小说中作“子治世之能臣，乱世之奸雄也”。）

曹操早年就表现出对武术的爱好，曾经潜入大宦官张让家，被张让发觉后，挥舞着戟越墙逃出，全身而退。同时，他又博览群书，尤其喜欢兵法，曾抄录古代诸家兵法韬略，还有注释《孙子兵法》的《魏武注孙子》著作传世。

【原文】

神龟虽寿，犹有竟时。
腾蛇乘雾，终为土灰。
老骥伏枥，志在千里。
烈士暮年，壮心不已。
盈缩之期，不但在天。
养怡之福，可得永年。
幸甚至哉，歌以咏志。

【译文】

神龟虽然寿命十分长久，但还是有生命终结的时候。
腾蛇虽然能乘雾飞行，但终究也会死亡并化为土灰。
年老的千里马卧在马棚里，它的雄心壮志仍然是驰骋千里。
有远大抱负的人即使到了晚年，奋发思进的雄心也不会消失。
人的寿命长短，不只是由上天所决定的。

只要自己调养好身心，也可以益寿延年。

我非常庆幸，就用这首诗歌来表达自己内心的志向。

【赏析】

这是一首充满着诗人对生活的真切体验的哲理诗，因而写得酣畅淋漓，有一种真挚而浓烈的感情力量；哲理与诗情又是通过形象化的手法表现出来的，因而述理、明志、抒情在具体的艺术形象中实现了完美的结合。

“神龟虽寿，犹有竟时。腾蛇乘雾，终为土灰。”作者从朴素的唯物论和辩证法的观点出发，否定了神龟、腾蛇一类神物的长生不老，说明了生死存亡是不可违背的自然规律。“犹有”和“终为”两个词下笔沉着。而“老骥”以下四句，语气转为激昂，笔挟风雷，使这位“时露霸气”的盖世英豪的形象跃然纸上。

“老骥伏枥，志在千里。烈士暮年，壮心不已。”这几句，笔力遒劲，韵律沉雄，内蕴着一股自强不息的豪迈气概，深刻地表达了曹操老当益壮、锐意进取的精神面貌。“壮心不已”，表达了作者有着永不停止的理想追求和积极进取的精神；永远乐观奋发，自强不息，保持着思想上的青春。曹操以切身体验，揭示了人的精神因素对健康的重要意义。

阅读链接

短歌行

曹　操

对酒当歌，人生几何！
譬如朝露，去日苦多。
慨当以慷，忧思难忘。
何以解忧？唯有杜康。
青青子衿，悠悠我心。
但为君故，沉吟至今。
呦呦鹿鸣，食野之苹。
我有嘉宾，鼓瑟吹笙。
明明如月，何时可掇？
忧从中来，不可断绝。
越陌度阡，枉用相存。
契阔谈讌，心念旧恩。

月明星稀，乌鹊南飞。
绕树三匝，何枝可依？
山不厌高，海不厌深。
周公吐哺，天下归心。

长歌行

乐府诗

【作品简介】

“乐府”，原是古代掌管音乐的官署。秦及西汉惠帝时，都设有“乐府令”。汉武帝时的乐府规模较大，其职能是掌管宫廷所用音乐，兼采民间歌谣和乐曲。魏晋以后，将汉代乐府所搜集演唱的诗歌，统称为“乐府诗”。

汉乐府创作的基本原则是“感于哀乐，缘事而发”（《汉书·艺文志》）。它继承《诗经》现实主义的优良传统，广阔而深刻地反映了汉代的社会现实。汉乐府在艺术上最突出的成就，表现在它的叙事性方面。另外，它善于选取典型细节，通过人物的言行来表现人物性格。其形式有五言、七言和杂言，尤其值得重视的是汉乐府已产生了一批成熟的五言诗。流传下来的汉代乐府诗，绝大多数已被宋朝人郭茂倩收入他编著的《乐府诗集》中。

【原文】

青青园中葵，朝露待日晞。
阳春布德泽，万物生光辉。
常恐秋节至，焜黄华叶衰。
百川东到海，何时复西归？
少壮不努力，老大徒伤悲！

【译文】

园中的葵菜郁郁葱葱，晶莹的朝露在阳光下飞升。
春天把希望洒满了大地，万物呈现出一派繁荣景象。
常恐那肃杀的秋天来到，树叶儿黄落，百草也凋零。
百川奔腾着东流到大海，何时才能重新返回西境？
少年人如果不及时努力，到老来只能是悔恨一生。

【赏析】

这是一首咏叹人生的歌，从“园中葵”说起，再用水流到海不复回打比方，说明光阴如流水，一去不再回。最后劝导人们，要珍惜青春年华，发奋努力，不要等老了再后悔。这首诗借物言理，首先以园中的葵菜作比喻。“青青”喻其生长茂盛。其实在整个春天的阳光雨露之下，万物都在争相努力地生长。因为它们都恐怕秋天很快地到来，深知秋风凋零百草的道理。大自然的生命节奏如此，人生也是这样。一个人如果不趁着大好时光去努力奋斗，让青春白白地浪费，等到年老时，后悔也来不及了。这首诗由眼前青春美景想到人生易逝，鼓励青年人要珍惜时光，出言警策，催人奋起。

史记·陈涉世家（节选）

【作者简介】

见诚信篇《史记·季布栾布列传（节选）》的作者简介。

【原文】

陈胜者，阳城人也，字涉。吴广者，阳夏人也，字叔。陈涉少时，尝与人佣耕，辍耕之垄上，怅恨久之，曰：“苟富贵，无相忘。”佣者笑而应曰：“若为佣耕，何富贵也？”陈胜太息曰：“嗟乎！燕雀安知鸿鹄之志哉！”

二世元年七月，发闾左谪戍渔阳，九百人屯大泽乡。陈胜、吴广皆次当行，为屯长。会天大雨，道不通，度已失期。失期，法皆斩。陈胜、吴广乃谋曰：“今亡亦死，举大计亦死；等死，死国可乎？”陈胜曰：“天下苦秦久矣。吾闻二世少子也，不当立，当立者乃公子扶苏。扶苏以数谏故，上使外将兵。今或闻无罪，二世杀之。百姓多闻其贤，未知其死也。项燕为楚将，数有功，爱士卒，楚人怜之。或以为死，或以为亡。今诚以吾众诈自称公子扶苏、项燕，为天下唱，宜多应者。”吴广以为然。乃行卜。卜者知其指意，曰：“足下事皆成，有功。然足下卜之鬼乎？”陈胜、吴广喜，念鬼，曰：“此教我先威众耳。”乃丹书帛曰“陈胜王”，置人所罾鱼腹中。卒买鱼烹食，得鱼腹中书，固以怪之矣。又间令吴广之次所旁丛祠中，夜篝火，狐鸣呼曰：“大楚兴，陈胜王。”卒皆夜惊恐。旦日，卒中往往语，皆指目陈胜。

吴广素爱人，士卒多为用者。将尉醉，广故数言欲亡，忿恚尉，令辱之，以激怒其众。尉果笞广。尉剑挺，广起，夺而杀尉。陈胜佐之，并杀两尉。召令徒属曰：“公等遇雨，皆已失期，失期当斩。籍第令毋斩，而戍死者固十六七。且壮士不死即已，死即举大名耳，王侯将相宁有种乎！”徒属皆曰：“敬受命。”乃诈称公子扶苏、项燕，从民欲也。袒右，称大楚。为坛而盟，祭以尉首。陈胜自立为将军，吴广为都尉。攻大泽乡，收而攻蕲。蕲下，乃令符离人葛婴将兵徇蕲以东，攻铚、酂、苦、柘、谯，皆下之。行收兵。比至陈，车六七百乘，骑千余，卒数万人。攻陈，陈守令皆不在，独守丞与战谯门中。弗胜，守丞死，乃入据陈。数日，号令召三老、豪杰与皆来会计事。三老、豪杰皆曰：“将军身被坚执锐，伐无道，诛暴秦，复立楚国之社稷，功宜为王。”陈涉乃立为王，号为张楚。当此时，诸郡县苦秦吏者，皆刑其长吏，杀之以应陈涉。

【译文】

陈胜是阳城人，字涉。吴广是阳夏人，字叔。陈胜年轻的时候，曾经同别人一起被雇佣耕地。一天，陈胜停止耕作，走到田埂上（休息），因失意而长叹了好久，说：“如果有谁富贵了，不要忘记大家啊。”一起耕作的同伴笑着回答说：“你是个被雇佣耕地的人，哪儿来的富贵呢？”陈胜长叹一声说：“唉，见识短浅的人怎么会懂得有远大抱负的人的志向！”

秦二世元年七月，朝廷征调贫民九百人去驻守渔阳，驻扎在大泽乡。陈胜、吴广都被编入谪戍的队伍里，并担任屯长。恰巧遇到天下大雨，道路不通，眼看已经误期。而误了期限，按法律要被斩首。于是陈胜、吴广就商量说：“现在逃跑也是死，起义也是死，同样是死，为了国事而死，值得吗？”陈胜说：“天下百姓受秦朝统治、压迫已经很久了。我听说秦二世是秦始皇的小儿子，不该被立为皇帝，被立者应该是公子扶苏。扶苏因为屡次劝谏秦始皇的缘故，皇上派他在外面带兵。现在有人听说他没什么罪，秦二世却杀了他。百姓大多听说他贤明，却不知道他已经死了。项燕是楚国的将领，曾多次立下战功，又爱护士兵，楚国人都很爱戴他。有人认为他死了，有人认为他逃亡了。现在，如果让我们的人假称是公子扶苏和项燕的队伍，向天下发出号召，应该会有很多的人响应。”吴广认为陈胜说得对。他们就去占卜（来预测吉凶）。

占卜的人了解了他们的意图，就说："你们的大事都能成功。但你们向鬼神卜问过了吗？"陈胜、吴广很高兴，考虑卜问鬼神的事，说："这是教我们先威服众人罢了。"于是，他们就（用）丹砂（在）绸子上写"陈胜王"（三个字），放在他人所捕的鱼的肚子里。士兵买鱼回来煮着吃，发现鱼肚子里面的绸子，本来就已经很吃惊了。陈胜又暗地里让吴广到驻地旁边的丛林里的神庙中，在夜间提着灯笼，模仿狐狸的声音叫喊："大楚兴，陈胜王。"士兵们整夜惊恐不安。第二天，士兵们议论纷纷，都不说话，只是指指点点，互相以目光示意看着陈胜。

吴广向来爱护士兵，士兵们很多愿听（他的）差遣。将尉喝醉了，吴广就故意多次说想要逃亡，使将尉恼怒，让他侮辱自己，以此激怒那些士兵。将尉果然用竹板打了吴广。当将尉拔剑出鞘时，吴广起来，夺过剑杀死了他。陈胜协助吴广，一同杀了两个将尉。召集并号令部署的人，说："诸位遇到大雨，都已经误期了，误期是要被斩首的。即使仅能免于斩刑，可是去守卫边塞死去的也有十分之六七。况且，壮士不死也罢了，要死就该成就大名声，王侯将相难道是天生的贵种吗！"部署的人都说："愿意听从你的命令。"于是，他们就假称是公子扶苏和项燕的队伍，顺从百姓的愿望。他们露出右臂（作为起义的标志），号称大楚。用土筑台，用将尉的头作祭品，并在台上宣誓。陈胜自立为将军，吴广担任都尉。他们攻下大泽乡，收编大泽乡的义军，攻打蕲县。蕲县攻下后，就派符离人葛婴率军巡行蕲县以东的地方。陈胜则攻打铚、酂、苦、柘、谯等地，并都攻占下来。行军中，他们沿路收纳兵员。等到达陈县，已有战车六七百辆，骑兵一千多，士卒几万人。进攻陈县时，陈县的守令都不在，只有守城的人在城门洞里与起义军作战。起义军不能取胜，守城的人被人杀死了，起义军才进城占据陈县。

过了几天，陈胜号召掌管教化的乡官和才能出众的人一起来集会议事。掌管教化的乡官和才能出众的人都说："将军亲身穿着战甲，拿着武器，讨伐不义暴君，消灭残暴的秦朝，重建楚国的江山，按功劳应当称王。"陈胜就自立为王，定国号为"张楚"。当时，各个郡县中苦于秦朝官吏暴政的百姓，都纷纷处罚当地郡县长官，杀死他们来响应陈胜的起义。

【赏析】

本文节选自《史记·陈涉世家》，主要叙述陈胜发动起义的经过和起义军初期的迅猛发展形势。文章属于传记体裁，着眼于表现陈胜在反对秦王朝暴政的斗争的关键时刻所发挥的重要作用，以显示他洞察时局的能力和卓越的组织领导才干。作者善于把握历史事件的发展进程，又善于运用语言描写、动作神态描写等多种技巧来塑造人物形象，从而生动真实地再现了这一场伟大斗争的图景。

文章以陈胜、吴广的活动为线索，生动地描述了这一场起义的发生、发展过程，鲜明地揭示了它的实质——一场得到广大人民支持的、反对暴力统治的农民运动。文中的主要形象是陈胜，作者通过对典型历史环境的描写和人物语言、行动的刻画，生动地再现了这位农民运动领导者和组织者的形象。

上堂开示颂

黄檗禅师

【作者简介】

黄檗禅师（生卒年不详），本名希运，身长七尺，相貌端庄，额间隆起如珠；声音朗润，意志冲淡，聪慧利达，精通佛学，时人称之为“黄檗希运”。黄檗禅师是唐时福建福清僧人，幼年在本州黄檗山出家，后僧众往学者云集，有《传心法要》《宛陵录》等传世，堪为一代宗门大匠。

【原文】

尘劳迥脱事非常，紧把绳头做一场。
不经一番寒彻骨，争得梅花扑鼻香。

【译文】

摆脱尘念劳心并不是一件容易的事，必须拉紧绳子、俯下身子在事业上卖力气。如果不经历冬天那刺骨严寒，梅花怎会有扑鼻的芳香！

【赏析】

这是一首借梅花傲雪迎霜、凌寒独放的性格，勉励人们克服困难、立志成就事业的格言诗。关于梅花，宋范成大《梅谱·前序》说：“梅，天下之尤物，无问智愚贤不肖，莫敢有异议。”“尤物”，这里指特别珍异的花卉，也就是说，梅是一种品质高出群芳的植物。可见，作者用梅花来象征一种精神，这象征本身已包含某种哲理；倘再就其经受的“彻骨寒”与最终获得的“扑鼻香”，予以因果上的提示，则作为喻体的“梅花”，更寄寓着另一层深刻的道理。作者是佛门禅宗的一代高僧，他借此诗偈，说出了人们对待一切困难所应采取的正确态度。这也是这两句诗极为有名、屡屡被人引用、从禅宗诗偈成为世俗名言的主要原因。

登飞来峰

王安石

【作者简介】

王安石（1021—1086），字介甫，号半山，谥文，封荆国公，世人又称王荆公；北宋抚州临川人（今江西省抚州市临川区邓家巷人），著名政治家、思想家、文学家、改革家，唐宋八大家之一。欧阳修称赞王安石："翰林风月三千首，吏部文章二百年。老去自怜心尚在，后来谁与子争先。"传世文集有《王临川集》《临川集拾遗》等。其诗文各体兼擅，词虽不多，但亦擅长，且有名作《桂枝香》等。

宋仁宗皇祐二年（1050）夏，王安石在浙江鄞县知县任满回江西临川故里时，途经杭州，写下《登飞来峰》。此诗是他初涉宦海之作。此时，诗人只有三十岁，正值壮年，抱负不凡，正好借登飞来峰一抒胸臆，表达宽阔情怀，这可看作其实行新法的前奏。

【原文】

飞来山上千寻塔，闻说鸡鸣见日升。
不畏浮云遮望眼，只缘身在最高层。

【译文】

飞来峰顶有座高耸入云的塔，听说鸡鸣时分，可以看到旭日升起。

不怕层层浮云遮住我那远眺的视野，只因为我站在飞来峰顶，登高望远心胸宽广。

【赏析】

诗的第一句，诗人用“千寻”这一夸张的词语，描写飞来峰上古塔之高，写出自己的立足点之高。诗的第二句，巧妙地虚写出在高塔上看到的旭日东升的辉煌景象，表现了诗人朝气蓬勃、胸怀改革大志、对前途充满信心，成为全诗感情色彩的基调。诗的后两句承接前两句的景物描写进行议论抒情，使诗歌既生动形象，又有深刻的哲理。古人常有浮云蔽日、邪臣蔽贤的忧虑，而诗人却加上“不畏”二字，表现了诗人在政治上高瞻远瞩、不畏奸邪的勇气和决心。

前两句是全诗的精华，蕴含着深刻的哲理：人不能只为眼前的利益，应该放眼大局和长远。在写作手法上，第一句写飞来峰的地势，又写峰上有千寻之塔，足见其高。此句极写登临之高险。第二句写目及之辽远。第三句以“不畏”二字作峻语，气势夺人。第四句用“身在最高层”拔高诗境，有高瞻远瞩的气概。作者点睛之笔，正在结语。若就情境来说，语序应是“因为身在最高层，所以不畏浮云遮目”，但作者倒过来，先说果，后说因；一因一果的倒置，说明诗眼的转换。这虽是作诗的常法，亦见出作者构思的精深。

滕王阁序（节选）

王　勃

【作者简介】

王勃（约650—约676），字子安，绛州龙门（今山西河津）人，唐代诗人。王勃出身于豪门望族，其祖父王通是隋末大儒，号文中子；叔祖王绩是著名诗人；父亲王福畤历任太常博士、雍州司功等职。王勃师从王绩，王绩的诗风直接影响了王勃的诗作。而王勃兄弟六人，都以诗文为人称道。王勃曾有过“海内存知己，天涯若比邻”的感叹。

他与杨炯、卢照邻、骆宾王齐名，称为“王杨卢骆”，世称“初唐四杰”。他们四人反对六朝以来颓废绮丽的风气，“思革其弊，用光志业”，致力于改革六朝文风，提出一些革新意见，开始把诗文从宫廷引向市井，从台阁移到江山和边塞，题材扩大了，风格也较清新刚健，对于革除齐梁余风、开创唐诗新气象，起了重要作用。

【原文】

时维九月，序属三秋。潦水尽而寒潭清，烟光凝而暮山紫。俨骖騑于上路，访风景于崇阿。临帝子之长洲，得天人之旧馆。层峦耸翠，上出重霄；飞阁流丹，下临无地。鹤汀凫渚，穷岛屿之萦回；桂殿兰宫，即冈峦之体势。

披绣闼，俯雕甍，山原旷其盈视，川泽纡其骇瞩。闾阎扑地，钟鸣鼎食之家；舸舰弥津，青雀黄龙之舳。云销雨霁，彩彻区明。落霞与孤鹜齐飞，秋水共长天一色。渔舟唱晚，响穷彭蠡之滨；雁阵惊寒，声断衡阳之浦。

遥襟甫畅，逸兴遄飞。爽籁发而清风生，纤歌凝而白云遏。睢园绿竹，气凌彭泽之樽；邺水朱华，光照临川之笔。四美具，二难并。穷睇眄于中天，极娱游于暇日。天高地迥，觉宇宙之无穷；兴尽悲来，识盈虚之有数。望长安于日下，目吴会于云间。地势极而南溟深，天柱高而北辰远。关山难越，谁悲失路之人？萍水相逢，尽是他乡之客。怀帝阍而不见，奉宣室以何年？

嗟乎！时运不齐，命途多舛。冯唐易老，李广难封。屈贾谊于长沙，非无圣主；窜梁鸿于海曲，岂乏明时？所赖君子见机，达人知命。老当益壮，宁移白首之心？穷且益坚，不坠青云之志。酌贪泉而觉爽，处涸辙以犹欢。北海虽赊，扶摇可接；东隅已逝，桑榆非晚。孟尝高洁，空余报国之情；阮籍猖狂，岂效穷途之哭！

勃，三尺微命，一介书生。无路请缨，等终军之弱冠；有怀投笔，慕宗悫之长风。舍簪笏于百龄，奉晨昏于万里。非谢家之宝树，接孟氏之芳邻。他日趋庭，叨陪鲤对；今兹捧袂，喜托龙门。杨意不逢，抚凌云而自惜；钟期既遇，奏流水以何惭？

【译文】

时当九月，秋高气爽。积水消尽，潭水清澈，天空凝结着淡淡的云烟，暮霭中山峦呈现一片紫色。在高高的山路上驾着马车，在崇山峻岭中访求风景。来到昔日帝子的长洲，找到仙人居住过的宫殿。这里山峦重叠，青翠的山峰耸入云霄；凌空的楼阁上，涂饰的朱红色油彩鲜艳欲滴，从阁上看不到地面。白鹤、野鸭栖息的小洲，极尽岛屿的迂曲回环之势；雅浩的宫殿，跟起伏的山峦配合有致。

推开雕花的阁门，俯视彩饰的屋脊，山峰平原尽收眼底，湖川曲折令人惊讶。遍地是里巷宅舍，许多钟鸣鼎食的富贵人家；舸舰塞满了渡口，尽是雕上了青雀黄龙花纹的大船。正值雨过天晴，虹消云散，阳光朗煦，落霞与孤雁一起飞翔，秋天的江水和辽阔的天空连成一片，浑然一色。傍晚渔舟中传出的歌声，响彻彭蠡湖滨；雁群感到寒意而发出的惊叫，回荡在衡阳的水边。

放眼远望，胸襟刚感到舒畅，超逸的兴致立即兴起。排箫的音响引来徐徐清风，柔缓的歌声吸引住飘动的白云。像睢园竹林的聚会，这里善饮的人，酒量超过彭泽县令陶渊明；像邺水赞咏莲花，这里诗人的文采，胜过临川内史谢灵运。（良辰、美景、赏心、乐事）四种美好的事物都已经齐备，（贤主、嘉宾）两个难得的条件也凑在一起了。向天空中极目远眺，在假日里尽情欢娱。苍天高远，大地寥廓，令人感到宇宙的无穷无尽。欢乐逝去，悲哀袭来，我知道了事物的兴衰成败是有定数的。远眺长安，眼看它沉落到夕阳之下；遥看吴郡，惊觉它已隐现在云雾之间了。南方的陆地已到尽头，大海深不可测，北方的北斗星多么遥远，天柱高不可攀。关山重重难以越过，有谁同情不得志的人？萍水偶尔相逢，大家都是异乡之客，怀念着君王的宫门，却不被召见，什么时候才能够去侍奉君王呢？

唉！各人的时机不同，人生的命运多有不顺。冯唐容易衰老，李广难得封侯。使贾谊遭受委屈，贬于长沙，并不是没有圣明的君主；使梁鸿逃匿到齐鲁海滨，难道不是政治昌明的时代？只不过由于君子能了解时机，通达的人知道自己的命运罢了。年纪虽然老了，但志气应当更加旺盛，怎能在白头时改变志向？境遇虽然困苦，但节操应当更加坚定，决不能抛弃自己的凌云壮志。即使喝了贪泉的水，心境依然清爽廉洁；即使身处于干涸的车辙中，胸怀依然开朗愉快。北海虽然十分遥远，乘着羊角旋风还是能够达到；早晨虽然已经过去，而珍惜黄昏却为时不晚。孟尝君品德高洁，但白白地怀抱着报国的热情；阮籍为人放纵不羁，我们怎能学他那种穷途的哭泣！

我地位卑微，只是一介书生。虽然和终军一样年已二十一，却无处去请缨杀敌。我羡慕宗悫那种“乘长风破万里浪”的英雄气概，也有投笔从戎的志向。如今我抛弃了一生的功名，不远万里去朝夕侍奉父亲。虽然称不上谢家的“宝树”，但是能和贤德之士相交往。不久我将见到父亲，聆听他的教诲。今天我侥幸地奉陪各位长者，高兴地登上龙门。假如碰不上杨得意那样引荐的人，就只有抚拍着自己的文章而自我叹惜；既然已经遇到了锺子期，就弹奏一曲《流水》又有什么羞愧呢？

【赏析】

此文重点描绘滕王阁雄伟壮丽的景象，状写宴会高雅而宏大的气势，抒发自己的感慨情怀。情由景生，写景是为着抒情，景、情相互渗透，水乳交融，浑然天成，恰似行云流水，挥洒自如，自然流畅。

对比铺叙，色彩鲜明。作者无论是描绘洪州胜景、滕王阁盛况，还是叙抒人物的遭际情绪，都能洋洋洒洒，极成功地运用了铺叙渲染的方法。而这种铺叙，又是在对比之中进行的。这就使文章一波三折，跳跃起伏，回环往复。

对偶工美，用典恰切。全篇中除了“嗟乎”“呜乎”“所赖”“云尔”等叹词、语助词与“勃”的自我称谓外，大部分都是四字一语和六字一语的对偶句。这中间有的是单句对，如“云销雨霁，彩彻区明”“落霞与孤鹜齐飞，秋水共长天一色”等；有的是复句对，如“闾阎扑地，钟鸣鼎食之家；舸舰弥津，青雀黄龙之舳”“渔舟唱晚，响穷彭蠡之滨；雁阵惊寒，声断衡阳之浦”；还有的是本句对，如“爽籁发而清风生，纤歌凝而白云遏”中，“爽籁发”与“纤歌凝”对，“清风生”与“白云遏”对。这些对偶句不仅句式工整匀称，而且错综多变，读来节奏明快，整齐和谐，铿锵有力。

文中多次出现典故，且都用得恰当贴切，非但没有冗赘晦涩之感，还使文章显得富丽典雅，委婉曲折，情意真切。“冯唐易老，李广难封”“屈贾谊于长沙”“窜梁鸿于海曲”这四个典故连用，隐喻作者命运坎坷、为沛王府修撰而受排斥打击和因作《檄英王鸡》文而被高宗逐出的遭遇，虽心怀愤懑之情，却含而不露，且无金刚怒目之嫌。“北海虽赊，扶摇可接；东隅已逝，桑榆非晚”，这两个典故是隐喻自己不畏险阻、壮心不已的坚强信念。“等终军之弱冠”“有怀投笔”“慕宗悫之长风”等典故，则隐喻自己“长风破浪”的浩气和积极进取的决心。

化静为动，以物拟人。运用拟人化的手法将客观静止的事物写成富有动态之感，这是《滕王阁序》的又一特点。作者善于选词炼字，活化物态。“飞阁流丹”“层峦耸翠”，只因了“飞”“流”“耸”诸字，巍峨的楼阁便腾飞起来，朱红的油彩似鲜艳欲滴，层叠亭台上的翠色也高高耸出，静物变成了动物，确有画龙点睛之妙。

此外，本文在构思上也有独到之处，文思缜密，层层扣题。各段衔接科学，思路清晰，由地及人，由人及景，由景及情，步步递进。全文充分发挥了骈文的特点，熔对偶、声韵、用典于一炉，表现了比较丰富的内容，流露出作者的真情实感，具有很强的艺术感染力。

晁错论

苏　轼

【作者简介】

见爱国篇《江城子·密州出猎》的作者简介。

【原文】

天下之患，最不可为者，名为治平无事，而其实有不测之忧。坐观其变，而不为之所，则恐至于不可救；起而强为之，则天下狃于治平之安而不吾信。惟仁人君子豪杰之士，为能出身为天下犯大难，以求成大功。此固非勉强期月之间，而苟以求名之所能也。

天下治平，无故而发大难之端，吾发之，吾能收之，然后有辞于天下。事至而循循焉欲去之，使他人任其责，则天下之祸，必集于我。

昔者晁错尽忠为汉，谋弱山东之诸侯。山东诸侯并起，以诛错为名。而天子不以察，以错为之说。天下悲错之以忠而受祸，不知错有以取之也。

古之立大事者，不惟有超世之才，亦必有坚忍不拔之志。昔禹之治水，凿龙门，决大河，而放之海。方其功之未成也，盖亦有溃冒冲突可畏之患。惟能前知其当然，事至不惧，而徐为之图，是以得至于成功。

夫以七国之强，而骤削之，其为变岂足怪哉？错不于此时捐其身，为天下当大难之冲，而制吴楚之命，乃为自全之计，欲使天子自将而己居守。且夫发七国之难者，谁乎？己欲求其名，安所逃其患？以自将之至危，与居守之至安，己为难首，择其至安，而遗天子以其至危，此忠臣义士所以愤怨而不平者也。

当此之时，虽无袁盎，错亦未免于祸。何者？己欲居守，而使人主自将。以情而言，天子固已难之矣，而重违其议，是以袁盎之说，得行于其间。使吴楚反，错以身任其危，日夜淬砺，东向而待之，使不至于累其君，则天子将恃之以为无恐，虽有百盎，可得而间哉？

嗟夫！世之君子，欲求非常之功，则无务为自全之计。使错自将而讨吴楚，未必无功。惟其欲自固其身，而天子不悦，奸臣得以乘其隙。错之所以自全者，乃其所以自祸欤！

【译文】

天下的祸患，最不好处理的，是表面上太平无事，但实际上却有无法预料的隐患。消极地看着事情在变化，却不想办法去解决，恐怕事情就会发展到不可挽救的地步；但一开始就用强制的手段去处理，那么天下的人由于习惯太平安逸，就不会相信我们。只有仁人、君子、豪杰这些人物，才能挺身而出为天下的人去承担大难，以求建立伟大的功业。这本来就不是勉强靠个把月的努力，而妄图从中求得个人名誉的人所能做到的。

天下太平，无缘无故挑起大难的事端，我能挑起它，我也能平复它，然后才有理由向天下的人交代。如果事到临头，却想慢慢避开它，让别人来承担责任，那么天下的祸患必然集中在自己身上。

当年，晁错竭尽忠心为汉朝出力，谋划削弱山东诸侯的势力。山东诸侯联合起兵，借诛杀晁错的名义反叛朝廷。但是皇帝不能明察，就杀了晁错来向诸侯解释。天下的人都悲叹晁错因为尽忠朝廷而遭杀身之祸，却不知晁错也有自取其祸的原因。

古时候能够建立大功业的人，不只具有超出一般的才能，还必须有坚忍不拔的意志。从前大禹治水，凿开龙门堤口，疏通大河，让水流进大海。当他的功业尚未完成的时候，也有堤坝溃决和洪水横冲直撞的可怕灾难。只因为他事先估计到这种必然性，洪水来了并不惊慌，而是从容不迫地规划解决，所以最后获得了成功。

七国诸侯那样强盛，却要一下子削弱他们，他们起来叛乱有什么奇怪的呢？晁错不在这个时候挺身而出，替天下人做抵挡大难的先锋，控制吴、楚等国的命运，却为保全自己着想，想使皇帝亲自带兵出征，自己在后方防守。那么试问，挑动七国叛乱的人是谁呢？因为他自己想求得名誉，又怎能逃避祸患呢？因为亲自带兵出征极为危险，留守后方十分安全，你自己是挑起大难的罪魁祸首，却选择十分安全的事情来做，把极为危险的事情留给皇帝去担当，这才是忠臣义士愤恨不平的原因啊！

在这个时候，就算没有袁盎（与晁错为政敌）进言，晁错也未必能免除杀身之祸，为什么这样说呢？自己想留在后方防守，却让皇帝亲自出征。按常理说，皇帝已经很难以忍受了，又加上很多人不同意他的建议，所以袁盎的话就能在这中间发生作用。假使吴、楚反叛，晁错挺身而出承担危险，日夜操劳，率兵向东去阻击他们，不至于使自己的君王受牵累，那么皇帝将依靠他而无所畏惧，即使有一百个袁盎，可以离间得了吗？

唉！世上的君子，想要建立不平凡的功业，就不要只考虑保全自己的计策。假使晁错自己带兵去讨伐吴、楚，不一定没有成效。只因为他想保全自己，就使得皇上不高兴，也让奸臣乘机进言。晁错用来保全自己的计策，不就是用来自己害自己的吗？

【赏析】

苏轼在其人物史论中写了大量的翻案文章，立意新颖深刻，高远幽邃。治国之策，行事之则；爱民之心，疾恶之恨；他人之思，自我之省，都别出新见，发人之所未见，启人之所未思。晁错曾提出“削藩”建议，后被汉景帝所杀。“晁错之死，人多叹息”，苏轼却翻空出奇，以独特的视角，一家之言，阐述了晁错受祸的原因，提出了仁人君子、豪杰之士，应“出身为天下犯大难，以求成功”的主张。

《晁错论》是北宋文学家苏轼创作的一篇人物评论文，评论对象为西汉初年景帝时期的政治改革家晁错。这篇文章总结了削藩失败是晁错被杀的原因。作者认为，晁错被杀，首先有七国叛乱给皇帝造成的压力和受到政敌中伤的原因，但又提出了另一个观点，即晁错自己也缺乏坚强的意志和临危不惧的精神，才给了政敌攻击他的机会。同时，作者通过对晁错改革失败的叹惋，表达了自己愿意为国效力但有志难展的抑郁心情。

冬夜读书示子聿

陆　游

【作者简介】

见爱国篇《书愤》的作者简介。

【原文】

古人学问无遗力，少壮工夫老始成。
纸上得来终觉浅，绝知此事要躬行。

【译文】

古人学习知识不遗余力，年轻时下功夫，到老年才有所成就。

从书本上得来的知识毕竟不够完善，要透彻地认识学习知识这件事，还必须亲自实践。

【赏析】

宋宁宗五年（1199），诗人在冬日寒冷的夜晚，沉醉于书房，一时兴起写下了这首哲理诗并满怀深情地送给了儿子。本诗通过写陆游对儿子子聿的教育，告诉读者，做学问要有孜孜不倦、持之以恒的精神。一个既有书本知识，又有实践精神的人，才是真正有学问的人。

石灰吟

于　谦

【作者简介】

于谦（1398—1457），明朝名臣。字廷益，号节庵。钱塘（今浙江杭州）人。明成祖永乐十九年（1421）进士及第，明宣宗宣德初授山西道御史，以才迁兵部右侍郎，巡抚河南、山西，历十八年还都。土木之变［指发生于明朝正统十四年（1449）明英宗第四次北伐时，明朝军队在土木堡（今河北省张家口市怀来县东）败于西部蒙古民族瓦剌军队的事变］后，拜兵部尚书，拥立景帝，历升少保。英宗复辟，以“大逆不道，迎立外藩”的罪名将其杀害。后赐赠太傅，谥肃愍，又改谥忠肃。其诗独树一帜，诗风刚健质朴，多忧国忧民和抒写其坚贞节操之作，不事雕琢，明白如话，七言尤具特色。有《于忠肃集》传世。

【原文】

千锤万凿出深山，烈火焚烧若等闲。
粉身碎骨浑不怕，要留清白在人间。

【译文】

（石灰石）只有经过千万次锤打才能从深山里开采出来，它把熊熊烈火的焚烧当作很平常的一件事。

即使粉身碎骨也毫不惧怕，甘愿把一身清白留在人世间。

【赏析】

这是一首托物言志诗。作者以石灰作比喻，表达自己为国尽忠，不怕牺牲的意愿和坚守高洁情操的决心。

作为咏物诗，若只是事物的机械实录而不寄寓作者的深意，那就没有多大价值。这首诗的价值就在于处处以石灰自喻，咏石灰就是歌咏自己磊落的襟怀和崇高的人格。

第一句“千锤万凿出深山”是形容开采石灰石很不容易。第二句“烈火焚烧若等闲”，“烈火焚烧”，当然是指烧炼石灰石；加“若等闲”三字，又使人感到不仅是在写烧炼石灰石，它还象征着志士仁人无论面临着怎样严峻的考验，都从容不迫，视若等闲。第三句“粉身碎骨浑不怕”，“粉身碎骨”极形象地写出将石灰石烧成石灰粉，而“浑不怕”三字又使我们联想到其中可能寓有不怕牺牲的精神。至于第四句“要留清白在人间”更是作者在直抒情怀，立志要做纯洁清白的人。

于谦为官廉洁正直，曾平反冤狱，救灾赈荒，深受百姓爱戴。明英宗时，瓦剌入侵，明英宗被俘。于谦议立明景帝，亲自率兵固守北京，击退瓦剌，使人民免遭蒙古贵族的野蛮统治，但英宗复辟后却以“谋逆罪”诬杀了这位民族英雄。这首《石灰吟》可以说是于谦生平和人格的真实写照。

更漏子·本意

王夫之

【作者简介】

王夫之（1619—1692），字而农，号姜斋、又号夕堂，湖广衡州府衡阳县（今湖南衡阳）人。他与顾炎武、黄宗羲并称明清之际三大思想家。其著有《周易外传》《黄书》《尚书引义》《永历实录》《春秋世论》《噩梦》《读通鉴论》《宋论》等书。

【原文】

斜月横，疏星炯。不道秋宵真永。声缓缓，滴泠泠，双眸未易扃。

霜叶坠，幽虫絮，薄酒何曾得醉？天下事，少年心，分明点点深。

【译文】

一钩弯月挂在西边，稀疏的星星闪烁着明亮的光，可是秋夜却显得格外漫长。漏壶滴水的声音回荡在耳边，使人难以入睡。

下了霜的叶子弯了下来，幽暗角落的虫子在鸣叫，秋天的一切都是显得如此悲凉，薄酒一杯，怎么能解我心中愁？满腔热血地想要为国效力，却始终不能如愿。天下大事，儿女情长，只能深埋在心中。

【赏析】

这首小词题为“本意”，似乎词人是在歌咏词牌“更漏子”，即歌咏“更漏”本身，但究其实，词人却另有所指，深有寄托。

“斜月横，疏星炯”，寂静的环境描写，烘托出悲凉的氛围，引出“不道秋宵真永”之秋夜漫漫的感叹。“声缓缓，滴泠泠”，写滴漏的声音，以动衬静，更表现出秋夜的漫长清冷，也表现了诗人心绪不平、难以入睡的状态，所以有“双眸未易扃”。“扃”，闭也，合也。

“霜叶坠，幽虫絮”承上启下，与上文的外在环境的凄清相应和，为下文抒壮志未酬和忧国忧民之情做铺垫。“薄酒何曾得醉”，写出词人心忧天下，纵然借酒消愁，也不能得醉。“天下事，少年心，分明点点深”三句，字字千钧，深蕴着词人忧国忧民的强烈感情，令人击节赞赏。

王夫之的青年时代，正当明末清初战乱频仍、社会动荡不安之际。青年王夫之非常关心明朝的命运。明亡之后，他更积极参与抗清斗争，力图恢复明王朝。兵败之后，他眼看清朝政权日益巩固，复明无望，方才隐居衡山，著书立说。然而，每当秋宵夜永，他都会思绪百千，追怀青年时代的抱负和斗争经历，仍然壮怀激烈，激动不已。

对 酒

秋 瑾

【作者简介】

见爱国篇《菩萨蛮·寄女伴》的作者简介。

【原文】

不惜千金买宝刀，貂裘换酒也堪豪。
一腔热血勤珍重，洒去犹能化碧涛。

【译文】

不吝惜很多钱去买一把好刀，用貂皮大衣换酒也算得上豪迈。

革命者要充分爱惜自己的生命，抛洒鲜血做出惊天动地的事业。

【赏析】

这首诗作于 1905 年。诗人从日本回国后，曾在上海她的挚友吴芝瑛女士家中，拿出新购的一把倭刀给朋友看。几人喝完酒后，诗人接着酒兴便拔刀起舞唱歌，吴女士命女儿用风琴伴奏，声音悲壮动人。这首诗便是缘此而作。

第一句以不吝惜千两黄金去购买锋利的宝刀起兴，表现了诗人意欲投身反帝反封建斗争，甚至不惜流血牺牲的志向，也表现出诗人豪爽的性格。

第二句与首句呼应，诗人愿意用名贵的貂裘去换酒喝。诗人以一女子而作此语，同样显示出她仗义疏财、不计较个人得失的豪爽性格。

诗的后两句，借用周朝的忠臣苌弘鲜血化碧的典故阐明：人的生命是非常宝贵的，满腔的热血不能白白流淌，应当为了崇高的革命事业抛头颅，洒热血，只有这样这辈子才算是没有白活。同时也抒发了诗人随时准备为国捐躯的豪迈情感。

全诗句句铿锵有力，字字掷地有声，借对酒所感抒发革命豪情，表达了诗人决心为革命奉献一切的豪情壮志，充分表现了诗人的英雄气概。

第二节　立志小故事

霍去病立志为国

少年英雄霍去病，自幼腿脚利索，臂力过人，在其舅舅卫青的悉心调教下，武功造诣颇深。他用的“八面威风”拳法，一个鱼跃腾空，拳脚并举，就能将木支架上的四只沙包一齐击穿。那些陪练的师父都竖起大拇指夸他身手不凡。

有一天，霍去病独自外出游玩，忽然看见城门楼上贴着一张告示，上面写着：“匈奴犯境，边关告急！广招天下英雄豪杰，三天后校场比武……”霍去病心想：“保卫国家，人人有责，我自小练就了一身武艺，理应去为国分忧！”于是，他决定前去校场比武。回到家里，霍去病和母亲说了自己的想法，母亲让他去征求一下舅舅的意见。不料，卫青却坚决反对，他说：“战场上刀剑无情，倘若有什么闪失，我怎么向你母亲交代！”霍去病说：“舅父大人，自古忠孝不能两全！现在正是孩儿为国立功的好机会啊！否则，您教了我这么多的武功，我到哪里去施展呢……”霍去病还没说完，卫青就打断他的话，厉声说：“不行，你尚未成年，按照兵役法规定，你不能去！”霍去病看到舅舅如此坚决，没有办法说服他，只好闷闷不乐地回家了。

三天后，军营校场旌旗飘扬，人声鼎沸，擂台两旁挂着“拳打南山猛虎，脚踢北方匈奴”的条幅，汉武帝和大将军卫青亲自来到校场观看比武。三通鼓响之后，一个魁梧的大汉跳上台来，自我介绍说：“在下是武术教头刘教头，想和各路英雄好汉较量一下。”接着，台下一连几个小伙子上台和刘教头比武，但是都被他打下台去。刘教头不禁得意起来，问道：“怎么样，还有谁不服，上来比试比试。”话音刚落，忽见人群中一个身着黑衫的人跳上台去，说道：“你休要猖狂，看看我的本领再说不迟！”说着，此人迅速地向刘教头挥拳出击。两人刚刚交手三四个回合，忽听那黑衫人大喊一声：“嗨！”一个鱼跃腾空，飞起一脚把刘教头踢倒。黑衫人赶快拉起刘教头说：“前辈，得罪了！”顿时，台下爆发出阵阵欢呼声。接着比试跑马射箭，每次都是黑衫人力压群雄，迎来满堂喝彩。

汉武帝看在眼里，喜在心中，不住地对身旁的卫青夸奖这个黑衫人。比试完毕，汉武帝接见参加比武的壮士，他指着那个黑衫人说：“这位壮士，抬起头来让我看看你。”黑衫人伏在地上说：“小人不敢抬头。”汉武帝不解，问道：“为何？”“小人犯了欺君之罪。”“朕赦免你就是，你尽管抬头。”“谢皇上。”说着黑衫人用手往嘴巴上一抹，撕去粘在下巴上的假胡子，露出一张稚气未脱的娃娃脸——“啊！原来是霍去病！”全场一片惊诧。霍去病赶忙向汉武帝表明自己要求从军的经过。汉武帝赞许地说：“你小小年纪，就有如此报国大志，实在应该赞赏。这样吧，我特准你参军，你可不要辜负朕的期望。”就这样，刚满十七岁的霍去病，跟随着大将军卫青前往边关，抗击匈奴的入侵。

有一次，将领们一起探讨下一步的作战计划，霍去病提出：“不入虎穴，焉得虎子。深入敌后，打他个措手不及。”刘教头表示赞同，并说他在塞外待过好多年，熟悉当地的环境，可以带路。于是，大将军卫青决定，拨给霍去病三百名轻骑兵，并让他迂回前进，准备前后夹攻，一举歼灭敌人。经过三天三夜的急行军，他们翻过了山谷，不料却误入了沙漠地带。霍去病问：“刘教头，这是怎么回事？”刘教头不语，只见前面沙丘后出现了一小队匈奴的骑兵。霍去病大喊：“冲啊！杀了匈奴兵！”正在这时，忽然天空飘来一片乌云，顷刻间狂风大作，天昏地暗……风沙过后，匈奴骑兵早已不知去向，霍去病大喊：“糟了，我们只顾恋战，误中奸计，陷入了沙漠，怎么办？”刘教头双手一摊，说：“小将军，我也没有办法啊！”烈日炎炎，缺水少粮，大家的斗志都被消磨光了。危急时刻，霍去病鼓励大家说：“弟兄们，坚持住，坚持就是胜利！”

这时，忽见刘教头翻身上马，取出一只暗藏的羊皮水袋，拧开盖子，一仰脖子，“咕咚咕咚”连喝了数口，喝完就叫道：“汉军兄弟们，我认识路，快跟我走，要喝水活命的就跟我去投奔匈奴单于！”见状，霍去病大吃一惊：“啊！原来他是匈奴的间谍！”于是飞身上马去追刘教头。刘教头边跑边喊：“你们没命啦，快投降吧。”“哼，无耻的卖国贼！”霍去病拉弓搭箭，瞄准他的后背，“嗖”的一声，刘教头立时被射下马来。霍去病从他身上搜出一张沙漠地图和一封密信，信上写着：“诱敌深入，将汉军困在沙漠，再使计招降或全歼之。”霍去病心想：“好毒辣的阴谋！”他将地图一扬，大声说：“快！向西南方进军！”霍去病率军从敌人背后给其致命一击，大破匈奴军队。从此，霍去病便威名远扬。

在转战数年间，霍去病领军先后击败匈奴数十万之众，被赐封为骠骑将军。在京城长安，汉武帝为他建造了一座豪宅，但霍去病推辞说：“陛下，匈奴未灭，无以为家。豪宅，臣不能领受。”

项羽的志向

项羽是楚国下相县人，项氏是楚国的世代名将。项羽的祖父就是战国末期楚国的大将项燕。项燕率领楚军抗击秦军，打败了秦国征楚的大将李信带领的二十万秦军。秦王改用王翦为将，并派出六十万大军。整整一年，项燕终因寡不敌众，兵败自杀。秦王统一六国称帝后，通缉六国贵胄遗民，项羽家族在通缉名单中。项羽由他的叔叔项梁带着，隐姓埋名，避难吴中。项氏叔侄怀着国仇家恨，暗中结纳豪杰，等待时机报仇。项梁结识了会稽太守殷通，每有大徭役或地方大事，殷太守都委托项梁操办。项梁就组织众人，进行训练。

项羽身高八尺（合今一米九），身体壮实，臂粗腰圆，声如洪钟，力能扛鼎。项羽年少气盛，性格粗犷，才气无双，吴中子弟都惧怕他。项羽好侠任武，团结了许多吴中同龄青年。他们受项羽影响，都爱使枪弄棒，习尚武勇。项梁起兵时，招募整编的吴中青年队伍有八千人，人称江东子弟。八千江东子弟成了项氏打天下的精兵骨干。

项羽幼年时，读书认字没有耐心；成年后，学击剑只保持了三天的热情。见项羽学文不成，习武不就，项梁大怒，狠狠地训斥了项羽一顿，说："洗雪国仇家恨，怎能依靠你这个懒惰子弟！"不料项羽并不惭愧，他不慌不忙地回答道："学习读书写字，只不过会记住姓名；学习击剑，只有匹夫之勇。我要学习兵法，指挥千军万马！"这一席豪迈之言，使项梁大为惊奇。于是，项梁悉心教导项羽学习兵法。可是项羽生性粗犷、急躁，"略知其意，又不肯竟学"，只对行兵布阵很感兴趣，而对战略战术不甚精通。这是项羽习武学兵法的长处与短处，日后都得到了实践的回报。项羽善于野战、攻坚、克敌，所向披靡；而对设谋智取，并不擅长。

秦始皇统一天下后，为了巩固政权，不断巡行四方，炫耀武功，镇压反抗势力。

战国末期，楚国抗秦最坚决。秦朝对楚地的统治实行高压政策，招致楚地人民的不满。当时楚地流行一首政治民谣，其中两句是："楚虽三户，亡秦必楚。"公元前210年冬，秦始皇又一次出巡，重点到东南江浙一带。秦始皇一行威仪整肃，十分壮观。当年项羽二十二岁，已经是一位英武的青年。吴中这次接待秦始皇，是少有的大徭役。项梁主持，把项羽放到最近处，以便观察秦始皇。项羽不觉脱口而出："彼可取而代也。"站在项羽身后的项梁连忙用手捂住项羽的嘴巴，小声说："休得胡说，这是要灭族的。"项梁惊了一身冷汗，嘴里小声责备项羽，可心里一怔，他惊奇项羽的壮志——藐视秦始皇，竟然要取而代之。而项羽对秦始皇的仇恨与蔑视，都在这一句"彼可取而代也"的话语中。日后的项羽，不但骁勇善战，而且英勇威武。

后来的结果也证明，正是这位有千钧神力的楚霸王率军一举击溃了貌似强大的秦王朝。

一个人的志向和理想，应该从小就确立。只有像项羽这样自小就胸怀大志的人，才能在以后的人生道路上实现雄心抱负。虽然项羽在最后的争斗中输给刘邦，但是他的英名和远大抱负并未随着垓下一役而消失，反而被后人所传颂。

徐霞客远游探险

明朝末年，江阴有位青年，因不满朝政腐败，不愿参加科举考试、谋求做官，却立志游历祖国的名山大川，探索自然的奥秘。他就是我国历史上杰出的地理学家徐霞客。

徐霞客，名叫徐弘祖，霞客是他的别号。他从小爱读历史、地理一类书籍、图册。在私塾读书的时候，老师督促他读儒家经书，他就背着老师，把地理书放在经书下面偷偷地看，看到精彩的时候，禁不住眉飞色舞。十几岁那年，他的父亲去世，他决心亲自到名山大川去游历考察一番。但是他想到母亲年事已高，家里没人照顾，没敢提这件事。

当母亲了解到他有这样的愿望后，跟他说："男儿志在四方，哪能为了我留在家里，做篱笆下的小鸡、马圈里的小马呢！"母亲为他准备行装，还给他缝制了一顶远游冠。有了母亲的热情支持，徐霞客远游的决心更坚定了。

徐霞客在二十二岁那年，开始离家外出游历。他先后游历了太湖、洞庭山、天台山、雁荡山、泰山、武夷山和北方的五台山、恒山等名山。每次游历回家，他跟亲友谈起各地的奇风异俗和游历中的惊险情景时，亲友都吓得说不出话来，他母亲却听得津津有味。

后来，母亲也去世了，徐霞客就把全部精力放在游历考察上。在他五十岁那年，他开始了一次路程漫长的旅行。他花了整整四年时间，游历了湖南、广西、贵州、云南四省，一直到我国边境腾冲。他跋山涉水，到过许多人迹罕至的地方，攀登悬崖峭壁，考察奇峰异洞。有一次，他在腾冲经过一座高耸的山峰时，发现悬崖上除了一个岩洞，根本没路可通。他冒着生命危险，像猿猴一样爬上了悬崖，最终到达了洞口。

又有一次，他在湖南茶陵听说当地有个麻叶洞，洞里有神龙或者精怪，不是有法术的人都不敢进洞。徐霞客不信神怪，出了高价雇个当地人当向导，进洞考察。在正要进洞的时候，向导问他是什么人。当他知道徐霞客是个普通读书人的时候，吓得直往后退，说："我以为您是什么法师，才敢跟您一起进洞，原来是个读书人，我才不冒这个险呢。"

徐霞客并没有放弃，带着他的仆人举起火把进洞。村里的百姓听说有人进洞，都拥到洞口来看热闹。徐霞客在洞里考察了很久，一直到火把快烧完才出来。围在洞口的百姓看他们安全出洞，都十分惊奇，说："我们等了好久，以为你们一定给妖精吃了呢。"

徐霞客漫游西南的时候，除了随身的一个仆人外，还有一个名叫静闻的和尚和他们做伴。有一次，他们在湘江乘船的时候，遇到了强盗，行李财物被抢劫一空，静闻和尚因为受伤，在半路上去世。到最后，连他随身的仆人也离开了他。但是这些挫折都没有动摇徐霞客探索自然的决心。

徐霞客在旅途中，每天晚上休息之前，都会把当天所见所闻详细记录下来。即使在荒山野林里露宿的日子，他也总是在篝火旁，伏在包袱上坚持写日记。1641年，徐霞客去世后，留下了大量日记，这实际上是他的地理考察记录。他经过实地考察，纠正了过去地理书上记载的错误，发现了过去没人记载过的地理现象。如古代地理书上记载，岷江是长江的上游。徐霞客经过考察，发现长江上游不是岷江而是金沙江。又如他在云南腾冲打鹰山考察的时候，发现了火山爆发的遗迹。他在游历中考察最多的是岩溶现象。在桂林七星岩，他对那里千姿百态的石钟乳、石笋、石乳等地形进行详细记载。这是世界上最早研究岩溶现象的记录。后来，人们把他的日记编成了《徐霞客游记》。这部书不但是我国古代地理学方面的宝贵文献，还称得上一部优秀的文学著作。

勾践卧薪尝胆

在春秋末年的会稽山上，越王勾践的行营内，勾践正背着双手，焦急地踱步。此时的勾践正处于极度困难的境地。他被吴王夫差打败，被困于会稽山，没有办法，只好派史臣去吴王那里求和，免得生灵涂炭。然而前去求和的大臣却给他带来了不好的消息：吴国的谋臣伍子胥拼命反对两国议和，主张斩草除根，把越王勾践一举消灭。幸好勾践派去的使臣知道吴国太宰（掌管王家内外事务的官员）伯嚭是个贪财的人，就给他送了不少的金银珠宝，很讨伯嚭喜欢。拿人钱财，替人消灾，伯嚭就多次在夫差面前替勾践美言，请求夫差不要对勾践那么残酷。最后，夫差答应与越国议和，但提出要越王勾践及其夫人、大夫范蠡到吴国做俘虏。对一位诸侯王而言，这是何等屈辱的事情，但是为了使越国的百姓免遭涂炭，勾践强忍住内心的愤怒与屈辱，来到了吴国。夫差的父亲是被勾践杀死的，对此，夫差记恨在心，于是就派遣勾践去他父亲的陵墓旁守护，同时还让他养马。

勾践就住在夫差父亲陵墓旁的一个石屋中，屋中没有任何摆设，只有一张石床，坚硬无比。石床上只铺了些杂草，睡在上面不但硬而且凉飕飕的，每天起床浑身都会很不舒服。而石屋的门窗也早就裂开了很大的缝隙，冬天北风呼啸，石屋内也被风吹得寒冷无比；夏天遇到大雨天，石屋里还积满了雨水。就是在这样艰难的条件下，勾践时刻牢记范蠡的话“小不忍则乱大谋”，他在心中不住地发誓：“此仇不报，誓不为人。”

对夫差等人而言，日子过得真快，很快勾践就在吴国做了好几个月俘虏了。但是对勾践而言，在吴国的每一天都是十分煎熬的。勾践尽心尽力地养马，把马养得膘肥体壮，自己倒消瘦了不少。伯嚭看到这些，就在夫差面前为勾践说好话：“大王，您看，勾践已经对吴国百般顺从了，他一定不敢再有报仇的念头了。”于是，夫差就亲自到勾践的石屋去看他。勾践见夫差来了，就恭恭敬敬地拜倒在地。夫差叫人牵出一匹马，看看说：“嗯，好马，勾践，你把马养得不错。其实，你早就该给寡人来养马了，哈哈！”说着，拍拍马，马嘶叫了两声。夫差骂道：“这畜生，还没有勾践顺从，我白养活了你。勾践，我要骑马，快快伺候着！”见状，勾践就连忙搬出马凳，放在马的旁边，夫差一脚踢开马凳，说：“太高了！”伯嚭马上给勾践使眼色，勾践就伏在地上，给夫差做上马凳，说：“大王，您请上马。”夫差就有意狠狠踩勾践的脑袋，还说：“蠢奴才，还不乖乖让寡人踩。”勾践看到夫差如此羞辱自己，刚要发火，可是看看腰间的玉佩，想起自己的夫人当初送玉佩给自己时所说的话“见玉如见妾，无论如何都要忍住，切不可鲁莽行事”。于是，勾践就含着泪，强忍着屈辱说：“大王，奴才该死，请大王上马。”夫差得意扬扬地踩着勾践上马，还得寸进尺地说：“勾践，你给本王牵马，本王带你看看吴国的大好山河。”说完，哈哈大笑起来。那笑声中充满了高傲和不屑。

勾践低着头为夫差牵马，夫差趾高气扬地坐在马上，伯嚭、伍子胥等人紧随其后，侍卫们就边走边敲锣打鼓，同时，还高声喊道：“大家快看呢，给大王牵马的就是吴国的仇人勾践！”路人听到这些，纷纷拿起手中的杂物向勾践砸去，勾践丝毫不敢反抗，一忍再忍。日子一天一天过去，虽然夫差总是找机会试探勾践，但是勾践每次都是小心行事，让人丝毫看不出任何复仇的迹象。日子久了，夫差就渐渐对勾践放松了警惕。

后来，夫差得了重病，久治不愈，吴国上下处在恐慌之中。勾践就前来求见，声称略懂医书，只要尝尝吴王的粪便就能通晓吴王病情的轻重了。夫差惊奇地张大了嘴巴，说：“什么？你尝寡人的……”说着，勾践就从帘子后面走出来，说：“恭喜大王，我从您的粪便中尝到了甘味，这表明您身体中的毒素已经排出来了，臣断定三日之内，您就会痊愈。”其实，这是勾践事先送钱贿赂御医，打听清楚了夫差的病情后，才演的一出苦肉计。而蒙在鼓里的夫差却在感动之余答应，只要自己的病能在三日内痊愈，就放勾践回国。

就这样，勾践终于回到了自己的国家。他回国后，把朝政交给文仲管理，把练兵习武的事交给范蠡管理，自己则住在宫殿外的一间茅草屋中。夜里睡在茅草上，白天舔一下挂在房梁上的苦胆，时时不忘自己在吴国的屈辱。而此时的夫差却沉浸在笙歌艳舞之中，不理朝政，还不听伍子胥的劝告，执意出兵齐国。大胜回来，夫差又大兴土木，结果劳民伤财，激起百姓不满。伯嚭和伍子胥本来就不和，这次，伯嚭就借口伍子胥出使齐国时把自己的儿子托付给齐国大夫这件事，说伍子胥有背叛之嫌，蛊惑夫差杀死伍子胥。伍子胥看到夫差听信谗言，一意孤行，不禁仰天长叹："亡国之日不久矣！"

一年后，勾践就率领大军进攻吴国，把吴国的军队围困在姑苏山上长达三年之久。吴王没有办法，只好派伯嚭去找勾践求和。伯嚭见风使舵，改投越国。勾践知道他是个贪财忘义的小人，但毕竟伯嚭曾经有恩于自己，于是并没有收留他，而是送给他金银珠宝，让他另谋生路。然而天网恢恢，疏而不漏，伯嚭终究被夫差抓了回来，并被处死。后来，夫差被越国军队俘虏，勾践念他当年对自己的不杀之恩，愿意放他一条生路，但是夫差觉得无脸苟活于世，自刎身亡。

孔子周游列国

春秋时期的著名教育家孔子，从小就树立了远大的志向。他长大以后，曾经做过管理仓库的"委吏"和管理牧场牲畜的"乘田"。虽然这些都是很卑贱的职位，但是他仍旧做得很好，受到鲁国权臣季氏的赏识，从此踏入士大夫阶层。

当时，周天子的地位已经衰微，诸侯之间专事征伐，天下礼崩乐坏。孔子看到这一切，决定用自己的思想和力量去改变这个世道，建设一个天下统一、充满仁爱、用礼法维持的有序的社会。在他五十岁的时候，他做了鲁国的中都宰，这使他有机会实施自己的救世主张。他任中都宰仅仅一年，就把中都治理得井井有条，四方的官吏都争相去向他学习。鲁国的国君了解到孔子的政绩，也升他做了大司寇，并代行国相的职务，参与治国理政。孔子参与治国理政仅三个月，鲁国就发生了很大的变化，商人们不再哄抬物价，全国百姓各守礼法，社会秩序安定。在此期间，孔子还为鲁国做了两件大事，一是他在齐、鲁两国国君会盟的时候，运用自己的智慧和口才使强大的齐国归还了侵占鲁国的领土；二是，他下令拆毁了鲁国三大权臣之中的季氏和叔孙氏的城池，使鲁国国君的地位得到了强化。虽然孔子参与国政的时间很短，但是他的"救世"思想得到了广泛的运用和宣传，而且成效显著。

这时，齐国看到鲁国的情况越来越好，害怕鲁国将来对自己不利，就向鲁国国君进献了大量的美女和歌妓。鲁王被美女和歌妓迷惑，从此无心朝政。孔子看到这些，觉得自己的理想在鲁国是无法实现了，于是就带着自己的学生，打算到其他国家宣传自己的救世主张，希望能得到诸侯的信任。

当时，各诸侯国几乎都是由权臣或大氏族执政，他们怕诸侯任用孔子，抢了自己的威风，因而都极力排斥他；有的人又怕别的国家任用孔子，对自己国家不利，于是也加害他。孔子到了卫国，就有人带着手持利刃的官兵来威胁和恐吓他；孔子到宋国讲学，宋国权臣就派人来暗杀他；孔子到了楚国，得到楚昭王的赏识，得赐封地700里，却遭到尹子西的反对。孔子还几次受到围攻，差点送了性命。虽然他冒着生命危险在各国之间奔波，受尽了磨难，但是他始终执着地坚持着自己的理想，一刻也没有改变过。有一次，孔子在陈国、蔡国之间遭到了两国大夫的围攻，他已经几天都没有吃东西了，一点力气都没有了，他的学生也因为疾病和饥饿都倒下了。孔子面对围攻依然弹琴吟唱，没有一点沮丧泄气的样子。学生们看到老师身处逆境却仍旧乐观自若，都非常佩服他。他们说："我们的老师理想高尚而远大，不为世人所理解，但是我们的老师仍然尽力去推行自己的理想，这是君子所为啊！"

有些逃避乱世而隐居山林的人，自以为看透了世间冷暖，就嘲笑孔子和他的救世思想，说他是在做无谓的努力，因为他的思想根本无法实现，他只好到处碰壁，如同丧家之犬。他们还劝孔子的学生不要跟着孔子做傻事，不如随他们归隐山林，等到太平盛世再出来。孔子对此不屑一顾，对学生们说："我们是不能与山林中的鸟兽为伍的，如果天下太平了，我就不会同你们一起去改变这个世道了。"

孔子在各国奔波，常常寄人篱下，连个落脚的地方都没有，处境十分艰难。他到了齐国后，齐景公打算赐给他田宅，可是孔子却拒不接受。他对学生说："我的主张，齐景公并不接受，但他却赏给我田宅，他真是太不了解我了。"孔子把救世为民视为最高理想追求，不为荣华富贵所动摇，离开齐国后他又回到了自己的家乡鲁国。孔子自从离开鲁国后，十四年没有回过故乡，自己的主张得不到诸侯的赞同，他就回到鲁国专门从事教育事业。他打破原有的贵族子弟才能读书的传统，在平民中招收学生，培养了许多有才华、有道德的学生。其中，一些人被各诸侯所用，他们推广老师的思想，为挽救衰世而不断奋斗。最终，在孔子死后，到汉朝时，儒士董仲舒把孔子的思想加以改进，得到汉朝皇帝的认可，孔子的思想也得到了发扬。

蔡伦造纸

造纸术的发明，是我们中华民族对人类的一个重大贡献。公元88年，汉和帝即位，他提升一个小宦官蔡伦担任中常侍，让他参与国家大事。后来，蔡伦兼任尚方令，监督工匠为皇宫制造宝剑和其他用品。

蔡伦忠于职守，一上任就到各个作坊去视察。这一天，蔡伦来到制造麻纸的作坊里，看到许多大缸里泡着青麻的茎皮。蔡伦很是好奇，就问这些是干什么用的。一位工匠告诉他："青麻加上石灰，在水缸里泡上十天半个月就烂了，然后捶打成浆，就可以造麻纸了。"蔡伦觉得这太神奇了，连忙惊叹说："好，好啊！"可是工匠接着说："用这种方法造出的麻纸虽然比丝帛纸或绸缎花费的成本低，但麻纸太粗糙，吸墨性不强，写起字来也很不方便。"

蔡伦听了工匠这一番话，若有所思。青麻纸现在还不尽如人意，但比从前用竹简写字方便得多，也比在绢帛上写字便宜得多。如果能把青麻纸改进一下，让它变得平滑光洁，又能吸墨，那就可以广泛使用了。

此后半个月，蔡伦天天到造纸作坊去，观察工匠们的造纸过程，有时还帮忙挑水或者用榔头捶打青麻，很受工匠们的欢迎和尊重。

蔡伦时刻都在思考改进造纸术的方法，但苦于无从入手。为此，他饭也吃不香、觉也睡不安。一天中午，他趴在桌上小憩，恍惚之中，他来到作坊旁的晒纸场。明亮的阳光下，灰蒙蒙的青麻纸一会儿变成黄色，一会儿又变成白色了。他伸手去抚摸纸面，感到十分平滑。忽然，天空中传来一阵雷声，紧接着"哗哗"地下起大雨来。"快收纸！"他大声喊着，随后就一下子惊醒了，原来是一场梦。他再也睡不着了，心想：能否改变造纸原料的配方呢？

他从家里找出一小捆破布头，立即赶到作坊，并找来经验丰富的工匠王腊，让他把破布头洗净，加入泡料的缸里。七八天以后，纸晒出来了。这一次造出的纸平滑得多，和梦里见到的那种灰白的纸差不多。蔡伦的心中充满了无限的喜悦和希望。

随后，他和工匠王腊又经过多次试验，分别用树皮、麻头、破布、旧渔网等做原料，再加入不同的填料和染料，制成了不同规格、不同质量、不同用途的纸。他造出的纸物美价廉，适合书写，很快得到了推广，并进入了寻常百姓家庭。

蔡伦的造纸术，后来被传到世界各地，经过各地技术人员和工匠一两千年的不断改进，造出了各种各样的书写纸、包装纸、建筑板纸等，为人类文明的传播做出了不可磨灭的贡献。

造纸术作为我国古代的四大发明之一，在发明之初的确有其神奇之处，尽管并不一定真的像故事中所描述的那样，是蔡伦偶然从梦中得到良策。但是从一个小小的宦官成为朝廷大员，蔡伦并没有被眼前的荣华富贵所迷惑，而是依然处处为国为民着想，这种生活态度是值得后人永远景仰的。

名言警句

1. 少年智则中国智，少年强则中国强。

——梁启超

2. 古之立大事者，不唯有超世之才，亦必有坚忍不拔之志。

——苏轼

3. 有志者，事竟成，破釜沉舟，百二秦关终属楚；苦心人，天不负，卧薪尝胆，三千越甲可吞吴。

——蒲松龄

4. 老当益壮，宁移白首之心；穷且益坚，不坠青云之志。

——王勃

5. 百学须先立志。

——朱熹

6. 少年负壮气，奋烈自有时。

——李白

7. 男儿不展风云志，空负天生八尺躯。

——冯梦龙

8. 有志不在年高，无志空活百岁。

——石玉昆

9. 志之所向，金石为开，谁能御之。

——曾国藩

10. 立志难也，不在胜人，在自胜。

——韩非子

黑发不知勤学早，白首方悔读书迟
——治学篇

『学习目标』

◎ 知识目标

1. 了解治学篇中，经典诗文和治学小故事所传达的治学理念和学习方法。

2. 熟悉古代经典作品中所蕴含的智慧和学术成果。

3. 了解学习与修身、实践的关系，以及学习对于个人发展和社会进步的重要意义。

◎ 能力目标

1. 能够分析和解读治学篇中，经典诗文和小故事中所蕴含的治学思想和学习智慧。

2. 能够运用传统文化中的学习方法和技巧，提高自己的学习效率和品质。

3. 能够将学习与实际生活相结合，运用所学知识解决实际问题。

◎ 素质目标

1. 培养扎实的学习能力和探究精神，不断充实自我、提高自身素质。

2. 培养良好的学习习惯和自主学习的能力，培育持续学习的意愿和动力。

3. 培养创新思维和解决问题的能力，培育科学精神和批判性思维。

第一节　经典诗文

礼记·学记（节选）

【作品简介】

见“诚信篇”中《礼记·中庸（节选）》的作品简介。

【原文】

玉不琢，不成器；人不学，不知道。是故古之王者建国君民，教学为先。《兑命》曰“念终始典于学”，其此之谓乎！

虽有嘉肴，弗食不知其旨也；虽有至道，弗学不知其善也。是故学然后知不足，教然后知困。知不足然后能自反也，知困然后能自强也。故曰：教学相长也。《兑命》曰“学学半”，其此之谓乎！

古之教者，家有塾，党有庠，术有序，国有学。比年入学，中年考校。一年视离经辨志，三年视敬业乐群，五年视博习亲师，七年视论学取友，谓之小成。九年知类通达，强立而不反，谓之大成。夫然后足以化民易俗，近者说服而远者怀之，此大学之道也。《记》曰“蛾子时术之”，其此之谓乎！

大学始教，皮弁祭菜，示敬道也。宵雅肄三，官其始也。入学鼓箧，孙其业也。夏楚二物，收其威也。未卜禘不视学，游其志也。时观而弗语，存其心也。幼者听而弗问，学不躐等也。此七者，教之大伦也。《记》曰“凡学，官先事，士先志”，其此之谓乎！

大学之教也，时教必有正业，退息必有居学。不学操缦，不能安弦；不学博依，不能安诗；不学杂服，不能安礼。不兴其艺，不能乐学。故君子之于学也，藏焉修焉，息焉游焉。夫然，故安其学而亲其师，乐其友而信其道，是以虽离师辅而不反也。《兑命》曰“敬孙务时敏，厥修乃来”，其此之谓乎！

今之教者，呻其占毕，多其讯，言及于数，进而不顾其安。使人不由其诚，教人不尽其才，其施之也悖，其求之也佛。夫然，故隐其学而疾其师，苦其难而不知其益也。虽终其业，其去之必速。教之不刑，其此之由乎！

大学之法，禁于未发之谓豫，当其可之谓时，不凌节而施之谓孙，相观而善之谓摩。此四者，教之所由兴也。

发然后禁，则扞格而不胜；时过然后学，则勤苦而难成；杂施而不孙，则坏乱而不修；独学而无友，则孤陋而寡闻；燕朋逆其师，燕辟废其学。此六者，教之所由废也。

君子既知教之所由兴，又知教之所由废，然后可以为人师也。故君子之教，喻也。道而弗牵，强而弗抑，开而弗达。道而弗牵则和，强而弗抑则易，开而弗达则思。和易以思，可谓善喻矣。

学者有四失，教者必知之。人之学也，或失则多，或失则寡，或失则易，或失则止。此四者，心之莫同也。知其心，然后能救其失也。教也者，长善而救其失者也。

善歌者使人继其声，善教者使人继其志。其言也，约而达，微而臧，罕譬而喻，可谓继志矣。

君子知至学之难易而知其美恶，然后能博喻；能博喻然后能为师，能为师然后能为长，能为长然后能为君。故师也者，所以学为君也。是故择师不可不慎也。《记》曰："三王四代唯其师"，其此之谓乎！

凡学之道，严师为难。师严然后道尊，道尊然后民知敬学。是故君之所以不臣于其臣者二：当其为尸，则弗臣也；当其为师，则弗臣也。大学之礼，虽诏于天子，无北面，所以尊师也。

善学者，师逸而功倍，又从而庸之。不善学者，师勤而功半，又从而怨之。善问者如攻坚木，先其易者，后其节目，及其久也，相说以解。不善问者反此。善待问者如撞钟，叩之以小者则小鸣，叩之以大者则大鸣，待其从容，然后尽其声。不善答问者反此。此皆进学之道也。

【译文】

玉石不经雕琢，就不能变成好的器物；人不经过学习，就不会明白道理。所以，古代的君王建立国家、统治人民，首先要设学施教。《尚书·兑命》篇中说"始终要以设学施教为主"，就是说的这个道理。

尽管有味美可口的菜肴，不吃，不会知道它的美味；尽管有高深完善的道理，不学习也不会了解它的好处。所以，通过学习才能知道自己的不足，通过教人才能感到困惑。知道自己学业的不足，才能反过来严格要求自己；感到困惑，然后才能不倦地钻研。所以说，教与学是互相促进的。《兑命》篇说"（在教学过程中）教与学是一个事情的两个方面"，就是说的这个道理。

古代设学施教，每二十五家的"闾"设有学校叫"塾"，每一"党"有自己的学校叫“庠”，每一“术”有自己的学校叫“序”。在天子或诸侯的国都设立有大学，学生每年入学，每隔一年要进行一次考查。第一年考查学生点断经书句读的能力和是否明确自己的学习志向，第三年考查学生是否恭敬学业，是否与同学和睦相处，第五年考查学生是否学识广博、尊敬老师，第七年考查学生研究学问的本领和识辨选择朋友的能力。如果能达到上述的标准，这就叫小有成就。到第九年，学生在学业上已能触类旁通，在政治上能立场坚定，矢志不渝，这就叫大有成就。这样，就能依靠他们收到教化群众、转移社会风俗的效果，使远近的人都能悦服而向往之。这就是大学教育的目的。古书上说“蚂蚁的幼子，从小学习衔泥筑巢，终于垒成小土堆”，就是这个意思。

大学开学的时候，（天子或官吏）穿着礼服，端着祭菜来祭祀先哲，表示尊师重道。让学生要吟诵《诗经·小雅》中（鹿鸣、四牡、皇皇者华）三篇（叙述君臣和睦）的诗，让他们一入学就产生要做官的思想。让学生按鼓声开箱取出学习用品，使他们严肃地对待学业。同时，展示戒尺，以维持整齐严肃的秩序。（学生春季入学，教官）没有夏祭不去考查学生，让学生有充裕的时间按自己的志愿去学习。（在学习过程中）教师应先观察而不要事先告诉他们什么，以便让他们用心思考；年长的学生请教教师问题，年少的学生要注意听，而不要插问，因为学习应循序渐进，不能越级。这七点，是施教顺序的大纲。古书上说“凡是教学，学为官者，必先教以居官之事；学为士者，必先教以为士之志”，就是说的这个道理啊！

大学的教育活动，按时令进行，各有正式课业；休息的时候，也有课外作业。课外不学杂艺，课内就不可能把琴弹好；课外不学习音律，课内就不能学好诗文；课外不学好杂艺应对的知识，课内就学不好礼仪。可见，不学习各种杂艺，就不可能认真对待所学的正课。所以，君子对待学习，课内授业要学好正课；在家休息，要学好各种杂艺。唯有这样，才能安心学习，亲近师长，乐于与他人交朋友，并深信所学之道，即使离开师长辅导，也不会违背所学的道理。《兑命》篇中说“专心致志谦逊恭敬，时时刻刻敏捷地求学，在学业上就能有所成就”，就是说的这个道理。

今天的教师，单靠朗诵课文、大量灌输、一味赶进度，而不顾学生的接受能力，致使他们不能安下心来求学。教人不能因材施教，不能使学生的才能得到充分发展。教学的方法违背了教学的原则，提出的要求不符合学生的实际。这样，学生就会痛恶他的学业，并怨恨他的老师，苦于学业的艰难，而不懂得它的好处。虽然学习结业，但所学的知识必然忘得快，教学的目的也就达不到，其原因就在这里。

大学教育学生的法则是这样的，在问题还没有萌发时先行约束叫“预防”，在条件成熟时及时进行教育叫“及时”，不超越阶段而有序地施行教育叫“循序渐进”，互相观察、学习、促进叫“观摩而善”。这四条，就是使教育不断走向成功的方法。

错误出现了再去禁止，就有坚固不易攻破的趋势；错过了学习时机，事后补救，尽管刻苦努力，也较难成功；施教者杂乱无章而不按规律办事，打乱了条理，就不可收拾；自己一个人苦思冥想，不与友人讨论，就会变成学识浅薄，见闻不广；与不正派的朋友来往，必然会违逆老师的教导；从事一些不正经的交谈，必然荒废正课学习。这六点，是教学失败的原因。

君子既懂得教学成功的经验，又懂得教学失败的原因，就可以当好教师了。所以说教师对人施教，就是启发诱导：诱导而不牵拉；劝勉而不强制；指导学习的门径，而不把答案直接告诉学生。（教师对学生）诱导而不牵拉，则师生融洽；劝勉而不强制，学生才能感到学习容易；启发而不包办，学生才会自己钻研思考。能做到师生融洽，使学生感到学习容易，并能独立思考，可以说是做到了善于启发诱导了。

学生往往有四种过失，教师必须明了。人们求学明道，有的人失于贪多求全，有的人失于孤陋寡闻，有的人失于轻忽随便，有的人失于故步自封。这四种情况，是由求学的人不同的心思造成的。教师只有明白学生的心思，才能纠正他们的过失。教育，就是培养、发扬学生的长处，并弥补、纠正学生的过失。

擅长唱歌的人，人们愿意跟着他唱；善于施教的人，人们愿意跟着他的思路去思考。教师的语言虽简要但十分畅达，虽含蓄但十分精妙，虽少用比喻但也明白易懂，这就让人们愿意跟着他的思路去思考。

教师知道学生的资质有好坏之分，然后才能多方诱导。只有善于多方诱导的人才能当教师。能当教师才能当官长，能当官长才能当君王，所以学为人师就是学为人君。可见，选择师资不可不慎重。古书上说“从前三王四代的时候最重视师资的选择”，就是这个道理。

在教育工作中，尊敬教师是难能可贵的。尊师才能重视道，重道才能使人重视学习。所以，君王在这两种情形之下，是不能用对待臣子的态度对待臣子的：当臣子在祭礼中扮演受祭者的时候，不能用对待臣子的态度对待他；当臣子担任教师的时候，也不能用对待臣子的态度对待他。大学的礼法是：即使对天子讲学，教师不居北面臣位，而居面西之主位，而天子居宾位。这就是为了表示对教师的敬重。

善于学习的人，能使教师费力不大而收到好效果，并能感激教师；不会学习的人，即使教师很勤苦而自己收效甚少，还要埋怨教师。会提问的人，像木工砍木头，先从容易的地方着手，再砍坚硬的节疤一样（先问容易的问题，再问难题）。这样，问题就会容易解决；不会提问题的人却与此相反。会对待提问的人，要回答得有针对性，像撞钟一样，用力小，则钟声小；用力大，则钟声大，让别人把问题说完再慢慢回答；不会回答问题的恰巧与此相反。以上这些都是进行教学的方法。

【赏析】

《学记》是儒家学派教育思想的理论总结，是较早的体系完整的教育文献之一。它记载了古代学校教人传道授受的次序，探讨了教学得失兴废的缘由，对古代教育的诸多方面都有所论及。

本文从中节选了并不相互连接的几个段落，论述了学习的重要性、教学相长的道理、大学四法、学习失败的四种原因、尊师重教的重要性。从中我们大致可以看出，秦汉时期，教育已经得到足够的重视和发展。其中，许多观点对于今天仍然具有十分重要的意义。

《学记》的段落之间，联系并不十分紧密，每个段落可以自成一体，论述一个独立的观点（分论点），而整体上则论述了教育的重要性这一中心。作者在论述的时候，采用对比的方法，一正一反，论述充分有力。

文章言简意赅，为后世留下了很多教育方面的重要经验，也为我们留下了很多意味隽永的经典名句，如“玉不琢，不成器”“教学相长”“尊师重道”等。另外，该文善用比喻论证，使道理清楚，形象贴切，便于记诵。

诗经·卫风·淇奥

【作品简介】

《诗经》是中国历史上最早的诗歌总集。《诗经》原本叫《诗》，又称《诗三百》或《三百篇》，收集了自西周初年至春秋中叶五百多年的三百零五篇诗歌，除此之外还有六篇（《南陔》《白华》《华黍》《由康》《崇伍》和《由仪》）有题目无内容，即有目无辞，称为笙诗。从汉朝起儒家将其奉为经典，因此称为《诗经》（正式使用《诗经》，应该起于南宋初年屈万里）。汉朝毛亨、毛苌曾注释《诗经》，因此又称《毛诗》。

《诗经》中的诗的作者，绝大部分已经无法考证。其所涉及的地域，主要是黄河流域，西起山西和甘肃东部，北到河北省西南，东至山东，南及江汉流域。西汉时被尊为儒家经典，是儒家尊为“五经”之一，始称《诗经》，并沿用至今。音乐上分为风、雅、颂三部分，其中“风”是地方民歌，有十五国风，共一百六十篇；“雅”主要是朝廷乐歌，分大雅和小雅，共一百零五篇；“颂”主要是宗庙乐歌，有四十篇。

《诗经》表现手法主要是赋、比、兴。“赋”就是铺陈（敷陈其事而直言之也），“比”就是比方，“兴”就是先言他物以引起所咏之词。《诗经》中思想和艺术价值最高的是民歌，“饥者歌其食，劳者歌其事”，《伐檀》《硕鼠》《氓》就是“风”的代表作。《诗经》对后代诗歌发展有深远的影响，是我国古典文学现实主义传统的源头。当今世上流传的《诗经》，则是毛亨、毛苌所传的毛诗集。

【原文】

瞻彼淇奥，绿竹猗猗。有匪君子，如切如磋，如琢如磨。瑟兮僩兮，赫兮咺兮，有匪君子，终不可谖兮！

瞻彼淇奥，绿竹青青。有匪君子，充耳琇莹，会弁如星。瑟兮僩兮，赫兮咺兮，有匪君子，终不可谖兮！

瞻彼淇奥，绿竹如箦。有匪君子，如金如锡，如圭如璧。宽兮绰兮，猗重较兮，善戏谑兮，不为虐兮！

【译文】

看那淇水弯弯岸，碧绿竹林片片连。高雅先生是君子，学问切磋更精湛，品德琢磨更良善。神态庄重胸怀广，地位显赫很威严。高雅先生真君子，一见难忘记心田。

看那淇水弯弯岸，绿竹袅娜连一片。高雅先生真君子，美丽良玉垂耳边，宝石镶帽如星闪。神态庄重胸怀广，地位显赫更威严。高雅先生真君子，一见难忘记心田。

看那淇水弯弯岸，绿竹葱茏连一片。高雅先生真君子，青铜器般见精坚，玉礼器般见庄严。宽宏大量真旷达，倚靠车耳驰向前。谈吐幽默真风趣，开个玩笑人不怨。

【赏析】

《诗经》中有许多关于人物的赞歌，称赞的对象也很广泛。其中，重要一类被称颂的对象，是各地的良臣名将。先秦时代，正是中华民族不断凝聚走向统一的时代，人们希望和平、富裕的生活。在那样一个时代，人们自然把希望寄托在圣君贤相、能臣良将身上。赞美他们，实际上是表达一种生活的向往。《淇奥》便是这样一首诗。据《毛诗序》记载：“《淇奥》，美武公之德也。有文章，又能听其规谏，以礼自防，故能入相于周，美而作是诗也。”这个武公，是卫国的武和，生于西周末年，曾经担任过周平王（前770—前720）的卿士。史传记载，武和晚年九十多岁了，还是谨慎廉洁从政，接受他人的劝谏和批评，因此很受人们的尊敬，人们作了这首《淇奥》来赞美他。

从诗本身而言，它只是一曲形象的赞歌，时间、地点、人物的指涉性不强。因此可以说，诗中的人物形象并非实指，而是周王朝时代一个品德高尚的士大夫，具有泛指意蕴。全诗分三章，反复吟咏。但在内容上，并不按诗章分派，而是融汇赞美内容于三章之中。这是因为诗歌本身比较短小，不能长篇铺叙，无法按称颂对象的各方面一一分述，只能混合概括，点到为止。同时，三章内容基本一致，就起了反复歌颂的作用，使听者印象更加深刻。

阅读链接

《诗经》是孔子要求儿子必读的一部书

孔子的儿子出生时，鲁国的国君鲁昭公送来一条鲤鱼表示祝贺。为了表示感谢，孔子就给儿子起名孔鲤。按当时的礼制，以孔子的身份，为了表示敬重，父子是分开住的，孔子跟儿子的接触并不比别的学生多。《论语·季氏》里记载，有一天，孔子在庭院里，正好孔鲤经过，孔子就叫住他问道："你学《诗经》了没有？"孔鲤老老实实地回答："没有。"孔子说："不学诗，无以言。"意思是，不学《诗经》，就连说话的内容都没有了。孔鲤回去，就按照孔子的教导，开始学习《诗经》。

古今贤文·劝学篇

【作品简介】

《古今贤文》为中国古代儿童启蒙书目，又名《昔时贤文》《增广贤文》。书名最早见之于明代万历年间的戏曲《牡丹亭》，据此可推知，此书最迟写成于万历年间。后来，经过明、清两代文人的不断增补，才改成现在这个模样，称《增广昔时贤文》，通称《增广贤文》。作者一直未见任何书载，只知道清代同治年间儒生周希陶曾进行过重订，很可能是民间创作的结晶。

【原文】

枯木逢春犹再发，人无两度再少年。不患老而无成，只怕幼儿不学。长江后浪推前浪，世上今人胜古人。若使年华虚度过，到老空留后悔心。有志不在年高，无志空长百岁。少壮不努力，老大徒伤悲。好好学习，天天向上。坚持不懈，久炼成钢。三百六十行，行行出状元。冰生于水而寒于水，青出于蓝而胜于蓝。书到用时方恨少，事非经过不知难。

身怕不动，脑怕不用。手越用越巧，脑越用越灵。三天打鱼，两天晒网，三心二意，一事无成。一日练，一日功，一日不练十日空。拳不离手，曲不离口。刀不磨要生锈，人不学要落后。书山有路勤为径，学海无涯苦作舟。师傅领进门，修行在自身。熟能生巧，业精于勤。

【译文】

已经枯萎的树木等到了来年的春天还会再次发芽，可是人生只有一次，年轻的时光虚度了，就再也弥补不了了。不要忧虑老来没有成就，最怕少年时不思进取。社会是发展的，人们会青出于蓝而胜于蓝，后面的人总会超过前面的人。不能虚度光阴，一定要抓紧时间好好学习，这样到老才不会追悔莫及。有志气和理想，成功不在于年龄大小；没志气和理想，一辈子都没有用。年轻力壮的时候不奋发图强，到了一头白发的时候再学习，悲伤难过也是徒劳。要认真地听、看、读、写和反复练习实践，每天每时都要注意提升自己的精神境界、道德水平和业务技能。要坚持不懈，经过长久的锻炼，每个人都能成为有用之才。不论干哪一行，只要热爱本职工作，都能做出优异的成绩。学生通过刻苦努力，知识和学问超过老师。知识总是在运用时才让人感到太不够了，许多事情如果不亲身经历过就不知道它有多难。

要勤运动，常思考。要多动手动脑。如果不专心致志，则会一事无成。学习犹如逆水行舟，一天不努力就可能让以前很多努力都白费了。唱歌的人应该经常唱，练武的人应该经常练。即使你对一门学术很精通，如果你不是每天都实践，积极去更新知识，也会有荒废的一天。在读书、学习的道路上，没有捷径可走，没有顺风船可行。想要在广博的书山、学海中汲取更多更广的知识，“勤奋”和“潜心”，是必不可少的，也是最佳的条件。老师是你学习的领路人，真正学好还是要靠自身的努力。要想掌握技术，只有勤学苦练，才能熟能生巧。

【赏析】

《古今贤文·劝学篇》，用通俗易懂的语言向人们阐明了学习的原因、重要性和学习方法。文中多化用前人的诗词名句，具有很强的说服力。尤其是“书山有路勤为径，学海无涯苦作舟”这两句，经常被人们拿来作为励志格言，意思是说：求知如登高山，只有勤奋努力，才能找到前进的道路；知识的海洋浩瀚无边，只有刻苦学习，才能打造渡向彼岸的船只。

明日歌

钱福

【作者简介】

钱福（1461—1504），明代状元，字与谦，因家住松江鹤滩附近，自号鹤滩。南直隶松江府华亭（今上海松江）人，吴越国太祖武肃王钱镠之后。弘治三年（1490）进士第一，官翰林修撰，三年告归。诗文以敏捷见长，有名一时，根据文嘉诗文修改的《明日歌》流传甚广。著有《鹤滩集》。

【原文】

明日复明日，明日何其多。
我生待明日，万事成蹉跎。
世人若被明日累，春去秋来老将至。
朝看水东流，暮看日西坠。
百年明日能几何？请君听我明日歌。

【译文】

明天，又一个明天过去了，明天何其多。
我的一生都在等待明天，什么事情都没有做成。
世人和我一样辛苦地被明天所累，一年年过去，就会老。

早晨看河水向东流逝，傍晚看太阳向西坠落，才是真生活。

百年来的明天能有多少呢？请诸位听听我的《明日歌》。

【赏析】

诗人在短短的一首诗内七次提到“明日”，反复告诫人们要珍惜时间，今天的事情今天做，不要拖到明天，不要蹉跎岁月。诗歌的意思浅显，语言明白如话，说理通俗易懂，很有教育意义。

这一首《明日歌》给人的启示是：世界上的许多东西都能尽力争取到和失而复得，只有时间难以挽留。人的生命只有一次，时间永不回头。不要今天的事拖到明天，明天的事又拖到后天，要今日事今日毕。

《明日歌》自问世至今，数百年来广为世人传颂，经久不衰。诗人在作品中告诫和劝勉人们要牢牢地抓住稍纵即逝的今天，今天能做的事一定要在今天做，不要把任何计划和希望寄托在未知的明天。今天才是最宝贵的，只有紧紧抓住今天，才能有充实的明天，才能有所作为，有所成就。否则，“明日复明日”，到头来只会落得个“万事成蹉跎”，一事无成，悔恨莫及。因此，无论做什么事都应该铭记：一切从今天开始，一切从现在开始。

这首诗内容充实，语言流畅，释理通俗明了，说服力强。

弟子规·行有余力，则以学文

【作品简介】

见“诚信篇”中《弟子规·谨而信（节选）》的“作品简介”。

【原文】

不力行　但学文　长浮华　成何人
但力行　不学文　任己见　昧理真
读书法　有三到　心眼口　信皆要
方读此　勿慕彼　此未终　彼勿起
宽为限　紧用功　工夫到　滞塞通
心有疑　随札记　就人问　求确义

房室清　墙壁净　几案洁　笔砚正

墨磨偏　心不端　字不敬　心先病

列典籍　有定处　读看毕　还原处

虽有急　卷束齐　有缺坏　就补之

非圣书　屏勿视　蔽聪明　坏心志

勿自暴　勿自弃　圣与贤　可驯致

【译文】

一个人若不能努力实践孝、悌、谨、信、泛爱众、亲仁这些德行，一味死读书，纵然有学问，也只是增长自己浮华不实的习气，变成一个不切实际的人。如此读书又有何用？反之，如果只是一味地做，不肯读书学习，就容易依着自己的偏见做事，蒙蔽了真理，也是不对的。

读书的方法要注重三到，即眼到、口到、心到，三者缺一不可，这样才能收到事半功倍的效果。研究学问，要专一，要专精，才能深入。不能这本书才开始读没多久，又欣羡其他的书，想看其他的书，这样永远也定不下心。所以，必须把这本书读完，才能读另外一本。

在制订读书计划的时候，不妨宽松一些。实际执行时，就要加紧用功，严格执行。日积月累，功夫深了，原先窒碍不通、困顿疑惑之处，自然而然都迎刃而解了。

求学当中，心里有疑问，应随时做笔记；一有机会，就向良师益友请教，务求确实明白。

书房要整理清洁，墙壁要保持干净。读书时，书桌上笔墨纸砚等文具要摆放整齐，触目所及皆是井井有条，才能静下心来读书。古人写字使用毛笔，写字前先要磨墨。如果心不在焉，墨就会磨偏了，写出来的字如果歪歪斜斜，就表示浮躁不安，心定不下来。

书籍应分类，排列整齐，放在固定的位置，读诵完毕，须放回原处。

虽有急事，也要把书本收好再离开。书本是智慧的结晶，有缺损就要修补，保持完整。（古人一书难求，故有修补之举）

不是传述圣贤言行的著作、有害身心健康的不良书刊，都应摒弃不看，以免身心受到污染，智慧遭受蒙蔽，心志变得不健康。遇到困难或挫折的时候，不要自暴自弃，应发愤向上努力学习。圣贤境界虽高，循序渐进，也是可以达到的。

【赏析】

“行有余力，则以学文”这一篇很明确地告诉我们：读书不能死读，不去行孝、悌、谨、信这些本分，变成一个不切实际的人。反之，如果只是一味地做，不读书，那也是不对的。子曰：“学而不思则罔，思而不学则殆。”讲的就是这个道理。

然而，读书也要讲究方法，要做到三到：眼到、口到、心到。如果遇到问题，应该随时做笔记，务必弄清楚它的含义。

书房也要整洁，读书时才能静下心来。书籍也应该分类，排列整齐，这样才方便于找到想看的书。读书也不能什么书都看，应选择有益身心健康的好书。

读书若能做到这几点，就不会什么也学不到了。

礼记·中庸（节选）

【作品简介】

见“诚信篇”中《礼记·中庸（节选）》的作品简介。

【原文】

博学之，审问之，慎思之，明辨之，笃行之。有弗学，学之弗能，弗措也；有弗问，问之弗知，弗措也；有弗思，思之弗得，弗措也；有弗辨，辨之弗明，弗措也；有弗行，行之弗笃，弗措也。人一能之己百之，人十能之己千之。果能此道矣，虽愚必明，虽柔必强。

【译文】

广泛地学习，详细地求教，慎重地思考，清楚地辨别，切实地实行。除非不学，学了而没有学会，就不罢休；除非不问，问了而没有弄懂，就不罢休；除非不思考，思考而没有得到结果，就不罢休；除非不分辨，分辨而没有分辨明白，就不罢休；除非不实行，实行而不实行彻底，就不罢休。别人聪明，学一遍就能学会，自己就学上百遍；别人学十遍就能学会，自己就学上千遍。如果真能这样做了，即使是愚笨的人，也一定会变得聪明；即使是柔弱的人，也一定会变得刚强。

【赏析】

《礼记》是我国最早的一部教育专著，汇集了儒家各种讲礼的文章。本篇主要阐述了学习的重要性，包括学习的态度、方法、作用等，语言简练，富于哲理，对我们的学习有很大帮助。

稼说送张琥

苏　轼

【作者简介】

见爱国篇《江城子·密州出猎》的作者简介。

【原文】

曷尝观于富人之稼乎？其田美而多，其食足而有余。其田美而多，则可以更休，而地力得全；其食足而有余，则种之常不后时，而敛之常及其熟。故富人之稼常美，少秕而多实，久藏而不腐。

今吾十口之家，而共百亩之田。寸寸而取之，日夜以望之，锄、铚、耰、艾，相寻于其上者如鱼鳞，而地力竭矣。种之常不及时，而敛之常不待其熟，此岂能复有美稼哉？

古之人，其才非有以大过今之人也，其平居所以自养而不敢轻用，以待其成者，闵闵焉如婴儿之望之长也。弱者养之，以至于刚；虚者养之，以至于充。三十而后仕，五十而后爵。信于久屈之中，而用于至足之后；流于既溢之余，而发于持满之末。此古之人所以大过人，而今之君子所以不及也。

吾少也有志于学，不幸而早得与吾子同年，吾子之得，亦不可谓不早也。吾今虽欲自以为不足，而众已妄推之矣。呜呼，吾子其去此，而务学也哉！博观而约取，厚积而薄发，吾告子止于此矣。

子归过京师而问焉，有曰辙、子由者，吾弟也，其亦以是语之。

【译文】

你可曾观察过富人种庄稼？他们的庄稼又多又好，他们的粮食充足而有余。因为他们的土地又好又多，就可以实行休耕轮作，土地的肥力便能有保障；他们的粮食充足而有余，那么耕种时，就能常常不误季节，收割也常常能等到庄稼完全成熟之后进行。所以富人的庄稼秕子少，产量高，长时间存放也不会腐烂。

如今，我这个十口之家，却总共只有百亩土地。每一寸土地都拿来利用，日日夜夜期盼着收获。辛勤耕作、收获，把庄稼种得像鱼鳞一般密集，所以土地养分就被用尽了。耕种常常赶不上季节，收割又往往等不到庄稼成熟，这样怎么会有好收成呢？

古代的人，他们的才干并没有超过现代人的地方。但是他们平日里注意自身修养并且不敢贸然行事，等候着思想才华完全成熟，那种勉力的样子就好像盼望婴儿快快长大。对孱弱者精心哺育，使他们变得坚强健壮起来；对才智缺乏者注意教养，使他逐渐充实起来。三十岁以后才出来做官，五十岁以后再求加官封爵。在长时期的屈身之中伸展，在准备充足之后再发挥作用，就像水流淌于充溢之后，箭发射于满弓之极一样。这就是古代的人能够超过现代人、如今的君子不如古人的原因啊！

我从小就有用功学习的志向，不料能早早地与您同科考中。但您的成功，也不能说不早啊！我现在虽然想到自以为能力还很不够，但众人却已经胡乱地称颂我了。唉，您要摆脱这种状况而致力于学习啊！广博地读书而简要审慎地取用，深厚积累之后慢慢地释放出来。我能告诫您的也就到此为止了。

您回去时路过京城打听一下，有个名叫苏辙、字子由的人，是我弟弟，请您将这些话也转告他。

【赏析】

本文是苏轼写给好友的，也可以看作是一篇赠序。全文以种庄稼开篇，以穷、富两种人的耕种环境、耕种方法以及收获成果作比，为下文的治学之道做了很好的铺垫。

从文章的思路看，第一段运用类比、对比，揭示出“早得”（“敛之常不待其熟”）、“晚得”（“敛之常及其熟”）的不同结果。一是“岂能复有美稼哉”，一是“故富人之稼常美，少秕而多实，久藏而不腐”。第二段，主要介绍“古之人”是如何“自养”的，从作者的观点来看，就好比“富人之稼”。而第三段介绍自己“不幸而早得”，可见，第二段与第三段也是构成对比。这样，早中功名的不幸就可以通过庄稼的类比，以及与“古之人”“自养”的对比推断出来。作者认为，人才须经长期修养，成熟之后，才可以到社会上施展才能；修养不足，却早得功名，不利于自己进一步的发展，难成大器，难为大用，所以作者认为“早得”是“不幸”的。

观书有感

朱 熹

【作者简介】

朱熹（1130—1200），宋朝著名的理学家、思想家、哲学家、教育家、诗人，闽学派的代表人物，儒学集大成者，世尊称为朱子。朱熹著述甚多，其中《四书章句集注》成为钦定的教科书和科举考试的标准。

【原文】

半亩方塘一鉴开，天光云影共徘徊。
问渠那得清如许？为有源头活水来。

【译文】

半亩大的方形池塘像一面镜子一样打开，清澈明净，天光、云影在水面上闪耀浮动。

要问池塘里的水为何这样清澈呢？是因为有永不枯竭的源头源源不断地为它输送活水。

【赏析】

这是一首借景喻理的名诗。全诗以方塘作比喻，形象地表达了一种微妙难言的读书感受。池塘并不是一潭死水，而是常有活水注入。因此，像明镜一样，清澈见底，映照着天光云影。这种情景，同一个人在读书中弄清楚问题、获得新知而大有收益、提高认识时的情形颇为相似。这首诗所表现的读书有悟、有得时的那种灵气流动、思路明畅、精神清新活泼而自得自在的境界，正是作者作为一位大学问家切身的读书感受。诗中所表达的这种感受虽然仅仅就读书而言，却寓意深刻，内涵丰富，可以做广泛的理解。特别是“问渠那得清如许？为有源头活水来”两句，借水之清澈，是因为有源头活水不断注入，暗喻人要心灵澄明，就得认真读书，时时补充新知识。因此，人们常常用来比喻不断学习新知识，才能达到新境界。有时，人们也用这两句诗来赞美一个人的学问或艺术的成就，自有其深厚的渊源。读者也可以从这首诗中得到启发，只有思想永远活跃，以开明宽阔的胸襟，接受种种不同的思想、鲜活的知识，广泛包容，方能才思不断，活水长流。这两句诗已凝缩为常用成语“源头活水”，用以比喻事物发展的源泉和动力。

读书要三到

朱　熹

【作者简介】

见本章《观书有感》的作者简介。

【原文】

凡读书，须要读得字字响亮，不可误一字，不可少一字，不可多一字，不可倒一字，不可牵强暗记，只是要多诵数遍，自然上口，久远不忘。古人云：“读书百遍，其义自见。”谓读得熟，则不待解说，自晓其义也。

余尝谓，读书有三到，谓心到，眼到，口到。心不在此，则眼不看仔细，心眼既不专一，却只漫浪诵读，决不能记，记亦不能久也。三到之中，心到最急。心既到矣，眼口岂不到乎？

【译文】

只要是读书，就要每个字都读得很大声，不可以读错一个字，不可以少读一个字，不可以多读一个字，不可以读颠倒一个字，不可以勉强硬记，只要多读几遍，自然而然就顺口而出，即使时间久了也不会忘记。古人说过：“读书百遍，其义自见。”就是说书读得熟了，那么不依靠别人解释说明，自然就会明白它的道理了。

我曾经说过：读书有三到，即心到、眼到、口到。心思不在书本上，那么眼睛就不会仔细看，心和眼既然不专心致志，却只是随随便便地读，就一定不能记住，即使记住了，也不能长久。三到之中，心到最重要。心既然已经到了，眼和口难道会不到吗？

【赏析】

本文选自我国南宋时期著名理学家和教育家朱熹的《训学斋规》。

朱熹是我国历史上继孔子之后的又一位伟大的思想家、哲学家、教育家，他曾提出许多读书名言。这一段话是在阐述一种读书方法。朱熹认为“心到”为读书的最高境界，是符合科学的读书方法的。朱熹还在《训学斋规》中说：“读书之法，既先识得它外面一个皮壳，又须识得它里面的骨髓方好。”其实是教育我们，读书不仅要看字面的意思，最主要的是要理解其思想内涵。这样，不但会积累一些知识，还能提高我们认识问题的能力。学习是我们每个人通向成功的必由之路，也是人类得以发展进步的基础。如果没有学习，人生也许只能是一个美丽的设想。时间对于每个人都是公平的，在相同的时间里，有些人学到了知识，成就了一番事业，而另一些人却碌碌无为，归根结底就在于学习方法对不对。学习得法，往往会事半功倍，否则，只能徒劳而无功。

四时读书乐

翁　森

【作者简介】

翁森（生卒年不详），字秀卿，号一瓢，南宋末期至元朝初期人，因不愿做元朝的官而隐居浙江仙居乡里，办了个书院授徒讲学，极盛时弟子达800人。

【原文】

春

山光拂槛水绕廊，舞雩归咏春风香。
好鸟枝头亦朋友，落花水面皆文章。
蹉跎莫遣韶光老，人生唯有读书好。
读书之乐乐何如？绿满窗前草不除。

夏

修竹压檐桑四围，小斋幽敞明朱晖。
昼长吟罢蝉鸣树，夜深烬落萤入帏。
北窗高卧羲皇侣，只因素稔读书趣。
读书之乐乐无穷，瑶琴一曲来熏风。

秋

昨夜前庭叶有声，篱豆花开蟋蟀鸣。
不觉商意满林薄，萧然万籁涵虚清。
近床赖有短檠在，及此读书功更倍。
读书之乐乐陶陶，起弄明月霜天高。

冬

木落水尽千岩枯，迥然吾亦见真吾。
坐对韦编灯动壁，高歌夜半雪压庐。
地炉茶鼎烹活火，四壁图书中有我。
读书之乐何处寻？数点梅花天地心。

【译文】

《春》：栏杆外就是山中景色，流水淙淙绕着长廊而过，游玩归来的人们，沐浴着春风送来花香，一边走一边吟唱着诗歌。停在枝头的鸟儿，是伴我读书的朋友；漂在水上的落花，可以启发我作出美妙文章。不要让青春年华在消遣中白白地流逝，人生只有读书是最美好的事情。读书的乐趣是怎样的？好比绿草长到窗前而不剪除，放眼望去，一派欣欣向荣的景象。

《夏》：新长出来的竹子垂压着屋檐，屋子四周种满桑树。夏日的阳光透进屋内，清幽的书斋明亮洁净。白天变长了，读完书以后，听听蝉儿在树上的鸣叫；夜晚读书时，灯花一节节落下，还有萤火虫飞入帷帐。只因为深知读书的乐趣，我在北面的窗户下闲适地躺着，就像远古时候羲皇时代的人一样逍遥自在。读书的乐趣是无穷的，好比沐浴着煦暖的南风，用瑶琴来弹奏一曲美妙的音乐。

《秋》：昨天夜里，我听到了庭前树叶落下的声音，篱笆上的紫豆花开了，蟋蟀在鸣叫。不知不觉，原野里已到处是秋天的气息，大自然的各种声音都包含着冷清的意味，一片萧瑟。床旁多亏有一盏灯，就着它，让我觉得读书的感觉加倍地好。读书令人愉悦，好比在高远的秋夜里，起身来赏玩明月。

《冬》：树木凋零，江河干涸，群山枯槁；在这辽阔的天地间，我正可以看清“真我”的本质。我坐在那儿，展开书卷而读，灯光摇曳，映射在墙上，墙壁好像也跟着在晃动；我高声朗读着，外面雪下得很大，半夜里，我的房顶全被积雪覆盖了。地上的火炉里，炭在燃烧，锅里正煮着茶，我就在四周放满了图书的空间里读书。读书之乐到哪里去寻找？就在这寒天雪地，且看那几朵盛开的梅花，从中我体会到了天地孕育万物之心。

【赏析】

此诗被清代《四库全书》收录，民国初期曾被编进国文教科书，为中学生所必读，是一首优美的情致高尚的劝学诗。《四时读书乐》的主题虽然是劝学，却没有那种世俗的读书做官、光宗耀祖的腐朽思想，宣扬的是读书的高雅情趣，不以功名利禄为引诱。它把一年四季都视为读书的好时光，勉励人们勤奋读书，其基调是积极的。

大学（节选）

【作品简介】

《大学》是《礼记》中的一篇，是儒家的重要经典，南宋朱熹将它与《论语》《孟子》《中庸》合成“四书”之后，其地位更加突出。《大学》相传是孔子的弟子曾参所作。

【原文】

大学之道，在明明德，在亲民，在止于至善。知止而后有定，定而后能静，静而后能安，安而后能虑，虑而后能得。物有本末，事有终始。知所先后，则近道矣。

古之欲明明德于天下者，先治其国；欲治其国者，先齐其家；欲齐其家者，先修其身；欲修其身者，先正其心；欲正其心者，先诚其意；欲诚其意者，先致其知；致知在格物。物格而后知至，知至而后意诚，意诚而后心正，心正而后身修，身修而后家齐，家齐而后国治，国治而后天下平。

自天子以至于庶人，壹是皆以修身为本。其本乱而末治者否矣。其所厚者薄，而其所薄者厚，未之有也！

【译文】

大学的宗旨在于弘扬光明正大的品德，在于使人弃旧图新，在于使人达到最完善的境界。知道应能达到的境界，才能志向坚定；志向坚定，才能镇静；镇静，才能心安理得；心安理得，才能思虑周详；思虑周详，才能有所收获。每样东西都有根本，有枝末，每件事情都有开始，有终结。明白了这本末始终的道理，就接近事物发展的规律了。

古代那些要想在天下弘扬光明正大品德的人，先要治理好自己的国家；要想治理好自己的国家，先要管理好自己的家庭和家族；要想管理好自己的家庭和家族，先要修养自身的品性；要想修养自身的品性，先要端正自己的心思；要想端正自己的心思，先要使自己的意念真诚；要想使自己的意念真诚，先要使自己获得知识；获得知识的途径在于认识、研究万事万物。认识、研究万事万物后，才能获得知识；获得知识后，意念才能真诚；意念真诚后，心思才能端正；心思端正后，才能修养品性；品性修养后，才能管理好家庭和家族；管理好家庭和家族后，才能治理好国家；治理好国家后，天下才能太平。

上自天子，下至平民百姓，人人都要以修养品性为根本。若这个根本被扰乱了，家庭、家族、国家、天下要治理好是不可能的。不分轻重缓急，本末倒置却想做好事情，这同样也是不可能的！

【赏析】

这里所展示的是儒学“三纲八目”的追求。所谓“三纲”，是指明德、新民、止于至善。它既是《大学》的纲领旨趣，也是儒学“垂世立教”的目标所在。所谓“八目”，是指格物、致知、诚意、正心、修身、齐家、治国、平天下。它既是为达到“三纲”而设计的条目功夫，也是儒学为我们所展示的人生进修阶梯。纵览“四书五经”，我们发现，儒家的全部学说实际上都是循着这“三纲八目”而展开的。所以，抓住这“三纲八目”就等于抓住了一把打开儒学大门的钥匙。循着这进修阶梯一步一个脚印，你就会登堂入室，领略儒学经典的奥义。就这里的阶梯本身而言，实际上包括“内修”和“外治”两大方面。前面四级“格物、致知、诚意、正心”是“内修”，后面三纲“齐家、治国、平天下”是“外治”。而其中间的“修身”一环，则是联结“内修”和“外治”两方面的枢纽，与前面的“内修”项目连在一起，是“独善其身”；与后面的“外治”项目连在一起，是“兼善天下”。两千多年来，一代又一代中国知识分子“穷则独善其身，达则兼善天下”（《孟子·尽心下》），把生命的历程铺设在这一阶梯之上。所以，它实质上已不仅是一系列学说性质的进修步骤，而是具有浓厚实践色彩的人生追求阶梯了。它铸造了一代又一代中国知识分子的人格心理，时至今日，仍然在我们身上发挥着潜移默化的作用。不管你是否意识明确，不管你是积极还是消极，“格、致、诚、正，修、齐、治、平”的观念总是或隐或显地在影响着你的思想，左右着你的行动，使你最终发现，自己的人生历程也不过是在这儒学的进修阶梯上或近或远地展开。事实上，作为中国知识分子，又有几人是真正出道入佛的野鹤闲云、隐逸高士呢？说到底，依然是十人九儒，如此而已。

颜氏家训·勉学（节选）

颜之推

【作品简介】

《颜氏家训》是汉民族历史上第一部内容丰富、体系宏大的家训，也是一部学术著作。作者颜之推，是南北朝时期著名的文学家、教育家。

该书成书于隋文帝灭陈国以后、隋炀帝即位之前（约公元6世纪末），是颜之推记述个人经历、思想、学识以告诫子孙的著作。本书共有七卷，二十篇，分别是序致第一、教子第二、兄弟第三、后娶第四、治家第五、风操第六、慕贤第七、勉学第八、文章第九、名实第十、涉务第十一、省事第十二、止足第十三、诫兵第十四、养心第十五、归心第十六、书证第十七、音辞第十八、杂艺第十九、终制第二十。

【原文】

夫所以读书学问，本欲开心明目，利于行耳。未知养亲者，欲其观古人之先意承颜，怡声下气，不惮劬劳，以致甘腝，惕然惭惧，起而行之也。未知事君者，欲其观古人之守职无侵，见危授命，不忘诚谏，以利社稷，恻然自念，思欲效之也。素骄奢者，欲其观古人之恭俭节用，卑以自牧，礼为教本，敬老身基，瞿然自失，敛容抑志也。素鄙吝者，欲其观古人之贵义轻财，少私寡欲，忌盈恶满，周穷恤匮，赧然悔耻，积而能散也。素暴悍者，欲其观古人之小黜己，齿弊舌存，含垢藏疾，尊贤容众，苶然沮丧，若不胜衣也。素怯懦者，欲其观古人之达生委命，强毅正直，立言必信，求福不回，勃然奋厉，不可恐慑也。历兹以往，百行皆然。纵不能淳，去泰去甚。学之所知，施无不达。世人读书者，但能言之，不能行之，忠孝无闻，仁义不足；加以断一条讼，不必得其理；宰千户县，不必理其民；问其造屋，不必知楣横而棁竖也；问其为田，不必知稷早而黍迟也；吟啸谈谑，讽咏辞赋，事既优闲，材增迂诞，军国经纶，略无施用：故为武人俗吏所共嗤诋，良由是乎？

人生小幼，精神专利，长成已后，思虑散逸，固须早教，勿失机也。吾七岁时，诵《灵光殿赋》，至于今日，十年一理，犹不遗忘。二十之外，所诵经书，一月废置，便至荒芜矣。然人有坎禀，失于盛年，犹当晚学，不可自弃。孔子曰："五十以学《易》，可以无大过矣。"魏武、袁遗，老而弥笃，此皆少学而至老不倦也。曾子十七乃学，名闻天下；荀卿五十始来游学，犹为硕儒；公孙弘四十余方读《春秋》，以此遂登丞相；朱云亦四十始学《易》《论语》；皇甫谧二十始受《孝经》《论语》：皆终成大儒，此并早迷而晚寤也。世人婚冠未学，便称迟暮，因循面墙，亦为愚耳。幼而学者，如日出之光；老而学者，如秉烛夜行，犹贤乎瞑目而无见者也。

学之兴废，随世轻重。汉时贤俊，皆以一经弘圣人之道，上明天时，下该人事，用此致卿相者多矣。末俗已来不复尔，空守章句，但诵师言，施之世务，殆无一可。故士大夫子弟，皆以博涉为贵，不肯专儒。梁朝皇孙以下，总丱之年，必先入学，观其志尚，出身已后，便从文吏，略无卒业者。冠冕而为此者，则有何胤、刘瓛、明山宾、周舍、朱异、周弘正、贺琛、贺革、萧子政、刘绦等，兼通文史，不徒讲说也。洛阳亦闻崔浩、张伟、刘芳，邺下又见邢子才：此四儒者，虽好经术，亦以才博擅名。如此诸贤，故为上品。以外率多田野闲人，音辞鄙陋，风操蚩拙，相与专固，无所堪能。问一言辄酬数百，责其指归，或无要会。邺下谚云："博士买驴，书卷三纸，未有'驴'字。"使汝以此为师，令人气塞。孔子曰："学也，禄在其中矣。"今勤无益之事，恐非业也。夫圣人之书，所以设教，但明练经文，粗通注义，常使言行有得，亦足为人；何必"仲尼居"即须两纸疏义，燕寝、讲堂，亦复何在？以此得胜，宁有益乎？光阴可惜，譬诸逝水。当博览机要，以济功业，必能兼美，吾无闲焉。

【译文】

读书做学问，本意在于启蒙思想，增长见识，开阔眼界，以有利于做实事。不懂得奉养双亲的人，要让他看到古人为了探知父母的心意，顺受父母的脸色，和声下气，不怕劳苦，弄来甜美软和的东西侍奉父母，于是谨慎戒惧，起而照办。不懂得服侍君主的人，要让他看到古人的守职不越权，遇到危难不惜生命，不忘对君主忠谏，以利国家的事迹，于是凄恻自忠，想要效法。一贯骄傲奢侈的人，要让他看到古人的恭俭节约，谦卑养德，礼为教本，敬为身基，于是惊视自失，敛容抑气。一向鄙吝的人，要让他看到古人的重义轻财，少私寡欲，忌盈恶满，周济穷困，于是羞愧生悔，积而能散。一向暴悍的人，要让他看到古人的小心贬抑自己，齿弊舌存，待人宽容，尊贤纳众，于是疲倦沮丧，身体弱得不胜衣。一贯怯懦的人，要让他看到古人的不怕死，坚强正直，说话必信，好事干下去不回头，于是勃然奋励，不可慑服。这样历数下去，百行无不如此，即使难做得纯正，至少可以去掉过于严重的毛病。学习所得，用在哪一方面都会见成效。只是世人读书，往往只能说到，不能做到，忠孝无闻，仁义不足；加以判断一件诉讼，不需要弄清事理；治理千户小县，不需要管好百姓；问他造屋，不需要知道楣是横着而棁是竖着放；问他耕田，不需要知道稷是早而黍是迟；整天就做些吟啸谈谑，讽咏辞赋，很悠闲或者迂阔荒诞的事情外，对处理军国大事一点用处都没有，从而被武人俗吏们共同讥谤，确是由于上述的原因吧？

人在幼年时期，精神专一，长成以后，思虑分散，这就该早早教育，不要失掉机会。我七岁时诵读《灵光殿赋》，直到今天，十年温习一次，还没有忘记。二十岁以后，所诵读的经书，搁置一个月就生疏了，但会有困顿不得志而壮年失学，还该晚学，不能自己放弃。孔子说过：“五十岁来学《易经》就没有大过失了。”曹操、袁遗老而更专心致志；这都是从小学习到老年仍不厌倦。曾参十七岁才学，而名闻天下；荀卿五十岁才来游学，还成为儒家大师；公孙弘四十多岁才读《春秋》，凭此就做上圣相；朱云也到四十岁才学《易经》《论语》，皇甫谧二十岁才学《孝经》《论语》，都终于成为儒学大师；这都是早年迷糊而晚年醒悟。现在的人到二三十婚冠之年没有学习，就自以为太晚了，因循保守而失学，也太愚蠢了。幼年学的像太阳刚升起的光芒；老年学的，像夜里走路拿着蜡烛，总比闭上眼睛什么也看不见要好。

学习风气是否浓厚，取决于社会是否重视知识的实用性。汉代的贤能之士，都能凭一种经术来弘扬圣人之道，上通天文，下知人事，以此获得卿相官职的人很多。自末世清谈之风盛行以来，读书人拘泥于章句，只会背读师长的言论，用在时务上，几乎没有一件用得上。所以士大夫的子弟，都讲究多读书，不肯专守章句。梁朝贵族子弟，到童年时代，必须先让他们入国学，观察他们的志向与崇尚；走上仕途后，就做文吏的事情，很少有完成学业的。世代当官而从事经学的，则有何胤、刘瓛、明山宾、周舍、朱异、周弘正、贺琛、贺革、萧子政、刘绦等人，他们都兼通文史，不只是会讲解经术。我也听说在洛阳的有崔浩、张伟、刘芳，在邺下又见到邢子才：这四位儒者，不仅喜好经学，也以文才博学闻名。像这样的贤士，自然可作上品。此外，大多数是田野闲人，言语鄙陋，举止粗俗，还都专断保守，什么能耐也没有，问一句就得回答几百句，词不达意，不得要领。邺下有俗谚说：“博士买驴，写了三张契约，没有一个‘驴’字。”如果让你们拜这种人为师，会被他气死了。孔子说过：“好好学习，俸禄就在其中。”现在有人只在无益的事上尽力，恐怕不算正业吧！圣人的典籍，是用来讲教化的，只要熟悉经文，粗通传注大义，常使自己的言行得当，也足以立身做人就行了。何必“仲尼居”三个字就得用上两张纸的注释，去弄清楚究竟“居”是在闲居的内室，还是在讲习经术的厅堂。这样就算讲对了，这一类的争议有什么意义呢？争个谁高谁低，又有什么益处呢？光阴似箭，应该珍惜，它像流水一样，一去不复返。应博览经典著作之精要，用来成就功名事业，如果能两全其美，我自然也就没必要再说什么了。

【赏析】

《颜氏家训》是我国历史上第一部内容丰富、体系宏大的家训，也是一部学术史名著。

纵观全书，其内容涉及许多领域，主要表现在这几方面。一是作者强调教育思想应以儒学为核心。他认为：“古之学者为人，行道以利世也；今之学者为己，修身以求进也。”他推崇“古者圣王有胎教之法”，尤其重视对孩子的早期教育。在教育基本理论方面，作者还强调环境对人成长的重要性。二是《颜氏家训》对儒学、佛学、文学等都提出自己独特的见解。作者强调儒学的社会功能，认为儒学经术只是手段，经世致用才是最终目的，并且对当时士大夫的教育状况表示强烈的不满，对只会掉书袋而没有实际本事的“百无一用”的书生的出现表示担忧。

《勉学》中提到“人生小幼，精神专利，长成已后，思虑散逸，固须早教，勿失机也”。这是告诉我们，人在小的时候，精神专一，长大以后，心思分散。因此，我们必须重视早期教育，不能错过良机。其中提到启蒙教育的重要性，它为一生奠定基础，并且，作者从各个方面记录了一些自己在早期教育中的想法和做法，现在看了也颇具启发性。

第二节　治学小故事

悬梁刺股

东汉时，有一个叫孙敬的年轻人，勤奋好学，整日闭门读书，从早到晚很少休息；但是到了三更半夜的时候，很容易打盹儿（瞌睡）。为了不影响学习，孙敬想出一个办法：他找来一根绳子，一头绑在自己的头发上，另一头绑在房梁上。这样，打瞌睡的时候只要头一低，绳子牵住头发扯痛头皮，他就会因疼痛而清醒起来再继续读书。后来，他终于成为赫赫有名的政治家。这是孙敬悬梁的故事。

战国时期的苏秦是一位有名的政治家，但是他在年轻的时候学问并不高，到了很多地方都没有人关注，即使有雄心壮志也得不到重用，于是他下定决心发愤图强努力读书。他经常读书读到深夜，疲倦到想要打盹的时候，就用事先准备好的锥子在大腿上刺一下，突然的痛感能使他猛然清醒，振作精神后，继续读书。这是苏秦刺股的故事。

这两个故事引申出“悬梁刺股”这个成语。虽然废寝忘食地刻苦学习是值得提倡的，但是也要认识到，为了学习也不能一直努力到累垮自己的身体，读书也是需要劳逸结合的。

凿壁偷光

汉朝时，有一个叫匡衡的人，勤奋好学但家里很穷，白天必须干活，晚上才能有空读书。但是他家境贫寒，买不起蜡烛，天一黑，他就无法看书了。他的邻居家，一到晚上就点起蜡烛，把屋子照得通亮，于是他对邻居说：“我晚上想读书，可买不起蜡烛，能否借用你们家的一寸之地呢？”

邻居瞧不起比他们家穷的人，就说：“既穷得买不起蜡烛，还读什么书呢！”匡衡听后非常气愤，他下定决心，一定要把书读好。

匡衡回到家，悄悄地在墙上凿了个小洞，让邻居家的烛光透过来。借着这微弱的光线，他如饥似渴地读起书来，很快把家中的书全都读完了。

附近有个大户人家，有很多藏书。一天，匡衡卷着铺盖出现在大户人家门前。他对主人说：“请您收留我，我给您家里干活不用报酬，只把您家中的书借给我就可以了。”主人被他的精神所感动，答应了他借书的要求。

匡衡就是这样勤奋学习的，后来他做了汉元帝的丞相，成为西汉时期有名的学者。

囊萤映雪

晋代的孙康由于没钱买灯油，晚上不能看书，只能早早睡觉。他觉得让时间这样白白流逝，非常可惜。一天半夜，他从睡梦中醒来，看到窗缝里透进一丝光亮。原来，下雪了，于是他倦意顿失，立即穿好衣服，拿着书，来到屋外。外面的雪光，比屋里要亮。孙康不顾寒冷，立即看起书来，手脚冻僵了，就起身跑一跑，同时搓搓手指。此后，每逢下雪时，他都不放过这个好机会，孜孜不倦地读书。这种苦学的精神，让他学识突飞猛进，成为饱学之士。

无独有偶，晋代的车胤小时家贫，买不起灯油。夏天的晚上，他就以练囊装萤火虫照明来读书。后来，人们用“囊萤映雪”来形容家境贫穷，勤学苦读。

负薪挂角

汉朝的朱买臣，小时候家里很穷。为了维持生活，他每天都得上山砍柴，没有时间读书。但是他好学不倦，常常背着柴一边走，一边看书。这就是朱买臣负薪读书的故事。

隋朝有一个叫李密的人，小时候给人家放牛。每天出去都要带几本书挂在牛角上，在牛吃草的时候，他就坐在草地上用心读书。这就是李密牛角挂书的故事。

“负薪挂角”的成语就是由这两个故事而来。

韦编三绝

孔子是春秋末期的思想家、政治家、儒家学派的创始人。他名丘，字仲尼，鲁国陬邑（今山东曲阜东南）人，先世系宋国贵族。他多才多艺，学识渊博。

孔子曾说过他的学问都是通过刻苦钻研得来的。孔子幼年丧父，家境贫寒，没能受到良好的教育，只能通过自学来获得知识。他从十五岁开始发愤读书，因为没有人教，在学习上碰到难题就多方请教。他不耻下问，请教过做官的人，也请教过普通老百姓；请教过白发苍苍的老人，也请教过头上梳着小辫儿的儿童。孔子虚心好学，学无常师，三十岁时便成为当地较有名气的学者。

那时还没有纸张，制作书籍的材料主要是竹子。一般是把竹子削成一片一片的竹签，刮去上面的青皮，用火烘干后在上面刻字，称为“竹简”。竹简有一定的长度和宽度，一根竹简只能写一行字，多则几十个，少则八九个，写成一部书要用许多竹简。书的内容全部写上去以后，用结实的牛皮绳子把这些竹片按顺序编联起来，就可以阅读了，这样的过程就叫作“韦编”。由于一片竹简只能写很少的字，所以如果一部书的字数很多，那就需要几十斤甚至上百斤的竹片。像《易经》这样的书，当然是由许许多多竹简编联起来的，因此相当沉重。

孔子到了晚年，才开始学《易经》。《易经》是很难读懂的一部古书，孔子下了很大的工夫，才把它全部读了一遍，还只是基本了解了它的内容。接着，他又读了第二遍，掌握了它的基本要点。然后，他又读第三遍，对其中的精神、实质有了比较透彻的理解。此后，为了深入研究这部书，同时为了给弟子们讲解，他不知翻阅了多少遍《易经》。为此，把串联竹简的牛皮带子也给磨断了好几次，不得不换上新的牛皮带子。即有了这样高的学问，孔子还谦虚地说：“假如我能多活几年，我就可以多理解些《易经》的内容了。”

孔子一生中还编著了不少书籍，其中有《诗》《书》等几部书，还有根据鲁国的历史材料编成的史书《春秋》。这对古代文化的保存和发展，起到了积极的作用。

孔子是中国最杰出、最有名的学者，他创立了儒家学派；同时，孔子的思想在国际上也有一定的影响，他的学识可以用“学富五车”来形容。但孔子的学识也不是天生就有的，是刻苦努力得来的。若没有韦编三绝的精神，是学不到真本领的。

石勒读汉书

晋元帝即位的第二年，匈奴的汉国国主刘聪病死，汉国内部也发生分裂。刘聪的侄儿刘曜接任了国主的地位。他觉得用汉朝的名义并不能欺骗人民，在319年，改国号为赵。汉国大将石勒在反晋战争中扩大了兵力，不愿再受刘曜的统治，也自称赵王。

石勒是羯族人，他家世代是羯族部落的小头目。年轻的时候，并州地方闹饥荒，他和部落失散了，还给人家做过奴隶、佣人。有一次，石勒被乱兵捉住，关在囚车里。这时，正好他的囚车旁边有一群鹿跑过，乱兵纷纷去追捕鹿群，石勒才趁机逃走。

石勒受尽苦难，没有出路，就召集一群流亡的农民，组成了一支强悍的队伍。刘渊起兵以后，石勒投降汉国，在刘渊部下当了一员大将。

羯族人的文化比匈奴人要低。石勒从小没有像刘渊那样受过汉族文化教育，不识字。他担任大将以后，渐渐懂得要成大事业，光靠武力不行，于是就依靠一个汉族士人张宾，采取了许多政治措施。他还收留了一批北方汉族中的贫苦的读书人，组织了一个“君子营”。

由于石勒骁勇善战，加上有张宾一批谋士帮他出谋划策，势力更加强大。到了328年，他终于消灭了刘曜。过了两年，石勒在襄国自称皇帝，国号仍是赵。历史上把刘氏的赵国称为“前赵”，把石勒建立的赵国称为“后赵”。

石勒自己没有文化，但是十分重视读书人。他做了后赵皇帝后，命令部下，凡捉到读书人，不许杀死，一定要送来让他自己处理。他听从张宾的建议，设立学校，让他部下将领的子弟进学校读书。他还建立了保举和考试的制度，凡是各地保举上来的人经过评定合格，就选用他们做官。

石勒严禁部下提到“胡”字、“羯”字。但是为了安抚汉族士人，有时候也没有执行禁令。

有一次，有个汉族官员樊坦被任用做官。樊坦进宫朝见的时候，穿了一身破破烂烂的衣服。石勒吃惊地问他："你怎么穷到这步田地？"樊坦忘记了禁令，回答说："刚刚碰到一批羯贼，把我的家当都抢走了，家里连一件像样的衣服都没有了。"石勒知道他吃了亏，就安慰他说："羯贼这样乱抢东西，太不应该，我替他们赔偿吧！"樊坦忽然想起触犯了禁令，吓得浑身发抖，连忙向石勒请罪。石勒笑着说："我这个禁令，是对付一般百姓的。你们这些老书生可以例外。"说着，真的给了樊坦一些衣服钱财，还赏给他一辆车、一匹马。

石勒喜欢读书。他自己不识字，就找一些读书人把书讲给他听，他一边听，还一边随时发表自己的见解。有一次，他让人给他读《汉书》，听到有人劝汉高祖封旧六国贵族的后代的历史。他就说："唉！刘邦采取这样的错误做法，还怎么能够得天下呢？"讲书的人马上给他解释，后来由于张良的劝阻，汉高祖并没有这样做。石勒点头说："这就对啦。"

又有一次，石勒举行宴会招待大臣。宴席上，他问一个大臣："你看我可以比得上古代什么样的帝王？"大臣吹捧说："陛下英明神武，比汉高祖还强，别人更比不上了。"石勒笑了笑，说："你说得太过分了。我要是遇到汉高祖，只能做他的臣下，大概跟韩信、彭越差不多。如果我生在汉光武帝那个年代，倒可以和他并驾齐驱，还说不定谁胜谁负呢。"由于石勒重用人才，在政治上比较开明，后赵初期出现了兴盛的气象。

名言警句

1. 博学之，审问之，慎思之，明辨之，笃行之。

——《礼记》

2. 读书百遍，而义自见。

——《三国志》

3. 学无止境。

——荀子

4. 立身以力学为先，力学以读书为本。

——欧阳修

5. 六经三史，诸子百家，非无可观，皆是为治。

——苏轼

6. 非学无以广才，非志无以成学。

——诸葛亮

7. 聪明在于学习，天才在于积累。

——华罗庚

8. 诗书立业，孝悌做人。

——王永彬

9. 学诗须识味外味。

——揭傒斯

10. 不读诗书形体陋。

——吴嘉纪

长风破浪会有时，直挂云帆济沧海——立业篇

『学习目标』

◎ 知识目标

1. 了解立业篇中经典诗文和立业小故事所传达的立业理念和追求。

2. 熟悉古代经典作品中对于立业和事业发展的思考和指导。

3. 了解人生目标与个人价值的关系，以及立业对于个人成长和社会进步的意义。

◎ 能力目标

1. 能够分析和解读立业篇经典中诗文和诚信小故事所体现的立业智慧和人生哲学。

2. 能够明确个人的立业目标和追求，并制定相应的规划和策略。

3. 能够通过自身的努力和奋斗，实现自己的立业理想。

◎ 素质目标

1. 培养坚定的事业心和崇高的职业道德，塑造积极向上的人生态度。

2. 培养自信和创造力，追求卓越，为社会做出贡献。

3. 培养担当和奉献的精神，以诚信为根本，塑造出色的职业形象。

第一节　经典诗文

行路难

李　白

【作者简介】

李白（701—762），字太白，号青莲居士，唐朝浪漫主义诗人，被后人誉为“诗仙”。祖籍陕西成纪（待考），出生于西域碎叶城，四岁再随父迁至剑南道绵州。李白存世诗文千余篇，有《李太白集》传世。李白于762年病逝，享年六十一岁，其墓在今安徽当涂。四川江油、湖北安陆有李白纪念馆。

【原文】

金樽清酒斗十千，玉盘珍羞直万钱。
停杯投箸不能食，拔剑四顾心茫然。
欲渡黄河冰塞川，将登太行雪满山。
闲来垂钓碧溪上，忽复乘舟梦日边。
行路难！行路难！多歧路，今安在？
长风破浪会有时，直挂云帆济沧海。

【译文】

金杯里装的名酒，每斗要价十千；玉盘中盛的精美菜肴，收费万钱。
胸中郁闷啊，我停杯投箸吃不下；拔剑环顾四周，我心里委实茫然。
想渡黄河，冰雪堵塞了这条大川；要登太行，莽莽的风雪早已封山。
像吕尚垂钓碧溪，闲待东山再起；又像伊尹做梦，他乘船经过日边。
世上行路啊多么艰难！多么艰难！眼前歧路这么多，我该向北向南？
相信总有一天，能乘长风破万里浪；高高挂起云帆，在沧海中勇往直前！

【赏析】

“行路难”是乐府古题，多咏叹世路艰难及贫困孤苦的处境。李白的《行路难》组诗主要抒发了怀才不遇的情怀，这里选的是第一首，在悲愤中不乏豪迈气概，在失意中仍怀有希望。

这首诗一共十二句，八十四个字，在七言歌行中只能算是短篇，但它跳荡纵横，具有长篇的气势格局。其重要的原因之一，就在于它百步九折地揭示了诗人感情的激荡起伏、复杂变化。诗的开头，“金樽清酒”“玉盘珍羞”让人感觉似乎是一个欢乐的宴会，但紧接着“停杯投箸”“拔剑四顾”两个细节，就显示了感情波涛的强烈冲击。中间四句，刚刚慨叹“冰塞川”“雪满山”，又恍然神游千载之上，仿佛看到了姜尚、伊尹由微贱而忽然得到君主重用。诗人心理上的失望与希望、抑郁与追求，急遽变化交替着。“行路难！行路难！多歧路，今安在？”四句节奏短促、跳跃，完全是急切不安状态下的内心独白，形象地传达出进退失据而又要继续探索追求的复杂心理。结尾两句，经过前面的反复回旋以后，境界顿开，表现了诗人高昂乐观的精神，他相信自己的理想抱负总有实现的一天。这样层层叠叠的感情起伏变化，既充分显示了黑暗污浊的政治现实对诗人的宏大理想抱负的阻遏，也反映了由此而引起的诗人内心的强烈苦闷、愤郁和不平。同时，突出表现了诗人的倔强、自信和他对理想的执着追求，展现了诗人力图从苦闷中挣脱出来的强大精神力量。

这首诗在题材、表现手法上都受到鲍照《拟行路难》的影响，但青出于蓝而胜于蓝。两人的诗，都在一定程度上反映了封建统治者对人才的压抑。而由于时代和诗人精神气质方面的原因，李诗却揭示得更加深刻强烈，同时表现了一种积极的追求、乐观的自信和顽强地坚持理想的品格。因而，和鲍作相比，李诗的思想境界就显得更高。此诗多写世道艰难，表达了离愁别绪。

阅读链接

让李白叹服的诗

昔人已乘黄鹤去，此地空余黄鹤楼。
黄鹤一去不复返，白云千载空悠悠。
晴川历历汉阳树，芳草萋萋鹦鹉洲。
日暮乡关何处是？烟波江上使人愁。

崔颢的这首《黄鹤楼》自诞生起就声名远播。到了宋代，南宋诗人严羽直接说它是唐人七言律诗第一。

李白二十七岁的时候，隐居安陆，以诗酒会友，而襄阳的孟浩然，是他常来往的朋友。此时的李白，虽有诗名，却还没有到长安展示过自己的才华，而大他十二岁的孟浩然，早已在长安太学赋诗，名动天下。当得知孟浩然要去游历扬州的时候，李白写信给他，约其在黄鹤楼一聚。李白初游黄鹤楼，为其美景吸引，想写诗一首。当他提笔想要写的时候，发现墙上早已有诗，便是崔颢所题的《黄鹤楼》。读罢崔颢的诗，李白悻悻地说了一句“眼前有景道不得，崔颢题诗在上头”。

观沧海

曹 操

【作者简介】

见立志篇《龟虽寿》的作者简介。

【原文】

东临碣石，以观沧海。
水何澹澹，山岛竦峙。
树木丛生，百草丰茂。
秋风萧瑟，洪波涌起。
日月之行，若出其中；
星汉灿烂，若出其里。
幸甚至哉，歌以咏志。

【译文】

向东进发登上碣石山，得以观赏大海的奇景。
海水波涛激荡，海中山岛罗列，高耸挺立。
我站在山巅，心中的波涛也像海浪在起伏。
周围是葱茏的树木、丰茂的花草，宁静得似在沉思。

萧瑟的风声传来了，草木动摇，海上掀起巨浪，在翻卷，在呼啸，似要将宇宙吞没。

大海，多么博大的胸怀啊，日月的升降起落，好像出自大海的胸中；银河里的灿烂群星，也像从大海的怀抱中涌现出来的。

啊，庆幸得很，美好无比，让我尽情歌唱，畅抒情怀。

【赏析】

《观沧海》选自《乐府诗集》，这是乐府诗《步出夏门行》中的第一章。

从诗的体裁看，这是一首古体诗；从表达方式看，这是一首写景抒情诗。

曹操这首《观沧海》准确生动地描绘出海洋的形象，单纯而又饱满，丰富而不琐细，好像一幅粗线条的炭笔画一样。“水何澹澹，山岛竦峙”是诗人俯瞰大海之所见，水波动荡，山岛高耸，描写了壮观的沧海全景。“秋风萧瑟，洪波涌起”写了秋风强劲、海浪翻涌的壮观景象。“日月之行，若出其中；星汉灿烂，若出其里”则描写了风平浪静、海面如镜的静谧景象，写出了沧海的博大、深广和它吞吐日月、包孕群星的宏伟气派。

诗人借景抒情，把眼前的海上景色和自己的雄心壮志很巧妙地融合在一起。句句写景，又句句抒情。翻涌动荡、孕大含深的大海表现了诗人宽阔的胸怀和豪迈的气概；生机勃勃、欣欣向荣的海岛景象正是诗人积极进取、奋发向上精神的生动写照。

这首诗雄健苍劲、深沉饱满、意境高远，是“建安风骨”的代表作。

南园·其五

李　贺

【作者简介】

李贺（790—816），字长吉，唐代河南福昌（今河南洛阳宜阳县）人，家居福昌昌谷，后世称李昌谷，是唐宗室郑王李亮后裔。有“诗鬼”之称，是与“诗圣”杜甫、“诗仙”李白、“诗佛”王维齐名的唐代著名诗人。有《雁门太守行》《李凭箜篌引》等名篇，著有《昌谷集》。李贺是中唐时期的浪漫主义诗人，与李白、李商隐合称为唐代“三李”，是中唐到晚唐时期诗风转变期的一个代表者。他所写的诗大多慨叹生不逢时和内心苦闷，抒发对理想、抱负的追求；对当时藩镇割据、宦官专权和人民所受的残酷剥削都有所反映。留下了“黑云压城城欲摧”“雄鸡一声天下白”“天若有情天亦老”等千古佳句。李贺的诗想象极为丰富，经常用神话传说来托古寓今，所以后人常称他为“鬼才”“诗鬼”，创作的诗文为“鬼仙之辞”，有“太白仙才，长吉鬼才”之说。李贺是继屈原、李白之后，中国文学史上又一位颇享盛誉的浪漫主义诗人。李贺长期抑郁感伤，焦思苦吟，于元和八年（813）因病辞去奉礼郎回昌谷，二十七岁英年早逝。

【原文】

男儿何不带吴钩，收取关山五十州。
请君暂上凌烟阁，若个书生万户侯？

【译文】

男子汉大丈夫为什么不腰挎武器去收取关山五十州呢？请你且登上那画有开国功臣的凌烟阁去看一下，又有哪一个书生曾被封为食邑万户的列侯？

【赏析】

这首诗由两个设问句组成，顿挫激越，而又直抒胸臆，把家国之痛和身世之悲都淋漓酣畅地表达了出来。

第一个设问是泛问，也是自问，含有“国家兴亡，匹夫有责”的豪情。首句“何不”二字极富表现力，它不只构成了特定句式（疑问），而且强调了反诘的语气，增强了诗句传情达意的力量。诗人面对烽火连天、战乱不已的局面，焦急万分，恨不得立即身佩宝刀，奔赴沙场，保卫家邦。“何不”云云，反躬自问，有势在必行之意，又暗示出危急的军情和诗人自己焦虑不安的心境。此外，它还使人感受到诗人那郁积已久的愤懑情怀。

“请君暂上凌烟阁，若个书生万户侯？”诗人问道：封侯拜相，绘像凌烟阁的，哪有一个是书生出身？这里，诗人没有用陈述句而用设问句，牢骚的意味显得更加浓郁。看起来诗人是从反面衬托投笔从戎的必要性，实际上是进一步抒发了怀才不遇的愤激情怀。由昂扬激越转入沉郁哀怨，既见出反衬的笔法，又见出起伏的节奏，峻急中做回荡之姿。就这样，诗人把自己复杂的思想感情表现在诗歌的节奏里，使读者从节奏的感染中加深对主题的理解、感受。

李贺《南园》组诗，多就园内外景物讽咏，以写其生活与感情。但此首不借所见发端，却凭空寄慨，于豪情中见愤然之意。盖只是同时所作，拉杂汇编，不能以题目限的。

望岳

杜甫

【作者简介】

杜甫（712—770），字子美，自号少陵野老，世称“杜工部”“杜少陵”等，河南府巩县（今河南省巩义市）人，唐代伟大的现实主义诗人。杜甫被世人尊为“诗圣”，其诗被称为“诗史”。杜甫与李白合称“李杜”，为了跟另外两位诗人李商隐与杜牧即“小李杜”区别开来，杜甫与李白又合称“大李杜”。他忧国忧民，人格高尚，诗艺精湛，在中国古典诗歌中备受推崇，影响深远。759—766年间曾居成都，后世有杜甫草堂纪念。

【原文】

岱宗夫如何？齐鲁青未了。
造化钟神秀，阴阳割昏晓。
荡胸生曾云，决眦入归鸟。
会当凌绝顶，一览众山小。

【译文】

巍峨的泰山，到底如何雄伟？走出齐鲁，依然可见那青青的峰顶。神奇自然会聚了千种美景，山南山北分隔出清晨和黄昏。层层白云，荡涤胸中沟壑；翩翩归鸟，飞入赏景眼圈。要登上泰山顶峰，俯瞰群山，豪情满怀。

【赏析】

这首诗是杜甫青年时代的作品，表达了诗人青年时代的浪漫与豪情。全诗以诗题中的“望”字统摄全篇，句句写望岳，但通篇并无一个“望”字，而能给人以身临其境之感；由远望到近望，再到凝望，最后是俯望。诗人描写了泰山雄伟磅礴的气象，抒发了自己勇于攀登，傲视一切的雄心壮志，洋溢着蓬勃向上的朝气。

这首诗寄托虽然深远，但通篇只见登览名山之兴会，丝毫不见刻意比兴之痕迹。若论气骨峥嵘，体势雄浑，更以后出之作难以企及。

戏为六绝句·其二

杜　甫

【作者简介】

见《望岳》的作者简介。

【原文】

王杨卢骆当时体，轻薄为文哂未休。
尔曹身与名俱灭，不废江河万古流。

【译文】

王杨卢骆开创了一代诗词的风格和体裁，浅薄的评论者对此讥笑是无止无休的。

待你辈的一切都化为灰土之后，也丝毫无伤于滔滔江河的万古奔流。

【赏析】

《戏为六绝句》是杜甫针对当时文坛上一些人存在贵古贱今、好高骛远的习气而写的。它反映了杜甫反对好古非今的文学批评观点。其中的“不薄今人”“别裁伪体”“学习风雅”“转益多师”（兼采众家之长）等见解，在今天也仍然有借鉴意义。本诗是《戏为六绝句》中的第二首，诗中既明确地肯定了王杨卢骆“初唐四杰”的文学贡献和地位，又告诫那些轻薄之徒，不要一叶障目而讥笑王杨卢骆，他们的诗文将传之久远，其历史地位也是不容抹杀的。

从现实意义上看，这句诗也在提醒人们珍惜时光，注重个人的行为和影响。尽管个体的存在终将消失，但通过积极的行动和对社会的贡献，人们可以在历史中留下有意义的痕迹，影响着后代。这句诗诠释了“流芳百世”“千古留名”的价值观，鼓励人们在短暂的一生中追求更高的境界和价值。

破阵子·为陈同甫赋壮词以寄之

辛弃疾

【作者简介】

辛弃疾（1140—1207），南宋词人，原字坦夫，改字幼安，别号稼轩，历城（今山东济南）人。出生时，中原已为金兵所占。二十一岁参加抗金义军，不久归南宋。历任湖北、江西、湖南、福建、浙东安抚使等职。一生力主抗金。曾上《美芹十论》与《九议》，条陈战守之策。其词抒写力图恢复国家统一的爱国热情，倾诉壮志难酬的悲愤，对当时执政者的屈辱求和颇多谴责；也有不少吟咏祖国河山的作品。题材广阔又善化用前人典故入词，风格沉雄豪迈又不乏细腻柔媚之处。辛弃疾由于抗金主张与当政的主和派政见不合，后被弹劾落职，退隐江西带湖。

辛弃疾与陆游有许多相似之处：他把洗雪国耻、收复失地作为自己的毕生事业，并在自己的文学创作中表达了对时代的期望和失望、报国的热情与愤慨。在文学创作方面，他不像陆游那样，喜欢写格式严整的七律，而是把全部精力投入词这一更宜于表达激荡多变的情绪的体裁。

辛弃疾在词史上的一个重大贡献，就在于内容的扩大，题材的拓宽。他现存的六百多首词作，写政治，写哲理，写朋友之情、恋人之情，写田园风光、民俗人情，写日常生活、读书感受。可以说，凡当时能写入其他任何文学样式的东西，他都写入词中，范围比苏词还要广泛得多。而随着内容、题材的变化和感情基调的变化，辛词的艺术风格也有各种变化。虽说他的词主要以雄伟奔放、富有力度为长，但写起传统的婉媚风格的词，却也十分得心应手。

如著名的《摸鱼儿》，上阕写惜春，下阕写宫怨，借一位女子的口吻，把一种落寞怅惘的心情一层层地写得十分曲折委婉、回肠荡气，用笔极为细腻。他的许多描述乡村风光和农人生活的作品，又是那样朴素清丽、生机盎然。

【原文】

醉里挑灯看剑，梦回吹角连营。八百里分麾下炙，五十弦翻塞外声。沙场秋点兵。马作的卢飞快，弓如霹雳弦惊。了却君王天下事，赢得生前身后名。可怜白发生！

【译文】

醉里挑亮油灯观看宝剑，梦中回到了当年的各个营垒，接连响起号角声。把烤牛肉分给部下，乐队演奏北疆歌曲。这是秋天在战场上阅兵。

战马像的卢马一样跑得飞快，弓箭像惊雷一样，震耳离弦。（我）一心想替君主完成收复国家失地的大业，博得生前死后的美名。只可惜（现在我）已白发丛生。

【赏析】

该词是作者失意闲居信州时所作，无前人沙场征战之苦，而有沙场征战的豪情。词中通过创造雄奇的意境，抒发了作者杀敌报国、恢复祖国山河、建立功名的壮怀。结句抒发作者壮志不酬的悲愤心情。

词的上片，写作者闲居家中心情苦闷，只能借酒浇愁；然而，就是在深夜酒醉之时，还一次又一次地拨亮灯火，久久地端详着曾伴随自己征战杀敌的宝剑，渴望着重上前线，挥师北伐。作者带着这样的期望和豪情进入梦中。恍惚中他觉得天已拂晓，连绵不断的军营里响起了一片嘹亮雄壮的号角声。他把大块的烤牛肉犒劳将士们，让他们分享；军乐队奏着高昂激越的边塞战歌，以助兴壮威。在秋风瑟瑟的战场上，他检阅着各路兵马，准备出征。

词的下片，紧接着描写了壮烈的战斗和胜利的结局。将士们骑骏马飞奔，快如“的卢”，风驰电掣；拉开强弓万箭齐发，响如“霹雳”，惊心动魄。敌人崩溃了，并彻底失败了。他率领将士们终于完成了收复中原、统一祖国的伟业，赢得了生前死后不朽的英名。到这里，我们看到了一个意气昂扬、抱负宏大的忠勇将军的形象，他“金戈铁马，气吞万里如虎”！然而，在词的最后，作者却发出一声长叹：“可怜白发生！”

从感情的高峰猛地跌落下来。原来，那壮阔盛大的军容、横戈跃马的战斗，以及辉煌胜利，千秋功名，不过全是梦境。实际上，在苟安卖国的统治集团的压制下，作者报国无门，岁月虚度。“可怜白发生”，包含着作者多少难以诉说的郁闷、焦虑、痛苦和愤怒啊！

这首词基调雄壮高昂，真不愧为“壮词”。而结句的悲壮低回，却与此形成鲜明对比，更令人感慨与惋惜。词的结构上，也不同于一般词作，上下片语义连贯，过片不分，直到最后一句突然一个顿挫，读来波澜起伏，跌宕有致，实为辛弃疾“沉郁顿挫”的典型之作。

从全词看，壮烈和悲凉、理想和现实，形成了强烈的对照。作者只能在醉里挑灯看剑，在梦中驰骋杀敌，在醒时发出悲叹。这是个人的悲剧，更是民族的悲剧。而作者的一腔忠愤，无论在醒时还是在醉时、梦中都不能忘怀，是他高昂而深沉的爱国之情、献身之志的生动体现。

从军行·其四

王昌龄

【作者简介】

王昌龄（698—756），字少伯，京兆万年（今陕西西安）人，一说太原人，盛唐著名边塞诗人，后人誉为“七绝圣手”。诗人出身寒微，早年困于农耕，年近不惑，始中进士。初任秘书省校书郎，又中博学鸿词，授汜水尉，因事贬岭南，与李白、高适、王维、王之涣、岑参等交厚。开元末返长安，改授江宁丞，后被谤，谪龙标尉。安史乱起，为刺史闾丘晓所杀。其诗以七绝见长，尤以登第之前赴西北边塞所作边塞诗最著，有“诗家夫子王江宁”之誉。

【原文】

青海长云暗雪山，孤城遥望玉门关。
黄沙百战穿金甲，不破楼兰终不还。

【译文】

青海湖上乌云密布，连绵雪山一片黯淡。边塞古城，玉门雄关，远隔千里，遥遥相望。

守边将士，身经百战，铠甲磨穿，壮志不灭，不打败进犯之敌，誓不返回家乡。

【赏析】

一、二两句次第展现了广阔地域的画面：青海湖上空，长云弥漫；湖的北面，横亘着绵延千里的隐隐的雪山；越过雪山，是矗立在河西走廊荒漠中的一座孤城；再往西，就是和孤城遥遥相对的军事要塞——玉门关。这幅集中了东西数千里广阔地域的长卷，就是当时西北边戍边将士生活、战斗的典型环境。它是对整个西北边陲的一个鸟瞰，一个概括。

三、四两句由情景交融的环境描写转为直接抒情。一、二两句，境界阔大，感情悲壮，含蕴丰富；三、四两句之间，有转折，两句形成鲜明对照。“黄沙”句尽管写出了战争的艰苦，但整个形象给人的实际感受是雄壮有力，而不是低沉伤感的。因此，末句并非嗟叹归家无日，而是在深深意识到战争的艰苦、长期的基础上所发出的更坚定、深沉的誓言。盛唐优秀边塞诗的一个重要的思想特色，就是在抒写戍边将士的豪情壮志的同时，并不回避战争的艰苦，此篇就是一个显例。可以说，三、四两句这种不是空洞肤浅的抒情，正需要有一、二两句那种含蕴丰富的大处落墨的环境描写。典型环境与人物感情高度统一，是王昌龄绝句的一个突出优点，这在此篇中也有明显的体现。

己亥杂诗·其一百二十五

龚自珍

【作者简介】

龚自珍（1792—1841），字璱（sè）人，号定庵（ān），仁和（今浙江杭州）人。晚年居住昆山羽琌（líng）山馆，又号羽琌山民。清代思想家、诗人、文学家和改良主义的先驱者。著名诗作《己亥杂诗》共350首。

【原文】

九州生气恃风雷，万马齐喑究可哀。

我劝天公重抖擞，不拘一格降人才。

【译文】

中国要有生气，必须依赖疾风迅雷般的变革，因为到处死气沉沉，实在叫人感到哀痛。

我劝天公重新振作起来，不要拘于一定规格，把立志革新的人才降临到人间。

【赏析】

龚自珍所处的时代是一个风雨飘摇的时代，正是这样的时代，产生了这位近代史上著名的启蒙思想家。他意识到封建的闭关锁国政策行不通了，帝国主义的侵略更加暴露出封建主义衰朽没落的本质。诗人用奇特的想象表现了他热烈的希望，他期待着优秀杰出人物的涌现，期待着改革大势形成新的“风雷”、新的生机，一扫笼罩九州的沉闷和迟滞的局面；既揭露矛盾、批判现实，又憧憬未来、充满理想。它独辟奇境，别开生面，呼唤着变革，呼唤着未来。

第二节　立业小故事

班超投笔从戎

东汉都城洛阳，一群年轻人正在一个房间里伏案抄写，不时还有人边写边议论这次能赚多少钱，只有坐在最后一排的、一个叫班超的人却一直沉默不语。突然他站起来将手中的毛笔狠狠地往地上一摔，众人回头诧异地看着他。班超严肃地说：“男子汉大丈夫应当为国杀敌立功，我们怎么能安安稳稳地坐在这里，抄抄写写呢？”众人先是一愣，接着有人起哄：“哼！看不出班超这小子，连饭都吃不饱，还想去立功受封。”班超在众人的哄笑声中愤然离去。

班超回到家，正在整理书籍的父亲看到他一脸的不高兴，大概猜出了几分，于是就把他和兄长班固、妹妹班昭一起叫到面前，问道：“你们兄妹三人的志向都是什么？”

班固、班昭回答说愿意像父亲一样编写史书，而班超却说：“我的心愿是领兵打仗，最好像博望侯张骞那样率队出使西域。”听了他们的回答，父亲非常欣慰，语重心长地对他们三个说：“你们都有远大的志向，这一点我非常高兴，但你们要记住，做任何事情都不能心浮气躁，只有踏踏实实，打好基础，那么等机会来时，你们才不会错过。”不久，班超果然投笔从戎，跟随猛将窦固与匈奴作战，立下战功，成为一名年轻的将军。

汉宫金殿上，汉明帝得知匈奴被驱赶到漠北边境时，非常高兴，对窦固和班超不但大加赞扬，而且还封班超为“假司马”。汉明帝主张罢兵，就此停止对匈奴作战，可班超却上奏说：“现在匈奴虽然已经逃走，但还经常骚扰我边境，臣担心，一旦给他们喘息的机会，他们会卷土重来，到那时，后果将不堪设想。”汉明帝询问班超该如何办才好，班超回答说：“漠北离我们中原万里，出兵很难，当务之急是派出使节，联合漠北诸国，共同抵抗匈奴。臣愿意带领三十六人出使西域。”汉明帝当场应允。

班超第一站来到鄯善国，鄯善国的国王盛情款待了他们一行人。班超对国王痛陈利害关系，国王经过深思熟虑，表示愿意联合西域各诸侯国共同抗击匈奴，班超很高兴。席间，一位官员突然急匆匆地走到国王身边，低声耳语了几句，国王的脸色立刻变得紧张起来，随后就匆匆地走了。班超一行人感到非常不解。过了不久，国王又回来了，让士兵将鄯善国的服装发给班超等一行人，众人才心安称谢。可是此后一连三天，班超去求见国王签署和约，却总是被国王以生病为由拒之门外。班超回想起那晚的情景及国王慌张的神色，觉得其中必有蹊跷，于是暗中派人去调查。

鄯善国王宫中，匈奴使者突然到来，责问国王是否收留了汉朝的使者。国王佯装不知，暗中派人催促班超等人回国。还说如果不从，就要对他们下手，因为他们宁愿得罪汉朝，也不想得罪匈奴。这些话恰巧被班超派去调查的人听到了，他急忙回去报告班超。班超立即将下属召集起来，说：“同来西域，为的是立功报国。现在匈奴使者才来几天，鄯善国王态度就已经大变，如果他把我们交给匈奴，那连尸骨都回不了家乡。大家看怎么办？”众随从异口同声地说：“事情紧急，一切听从将军安排。”见状，班超激励大家说：“不入虎穴，焉得虎子！今天咱们连夜突袭匈奴使者营地，发起火攻，趁他们摸不清楚我们底细的时候，一举消灭他们，这样鄯善国才会与汉朝和好。”入夜，班超率三十六名随从用火攻偷袭匈奴营地，匈奴众使者除一人逃脱外，其余都被烧死。

随后，班超率众闯进鄯善国宫殿，国王急忙召集军士将众人包围。国王责问说：“班超，我好好对待你，你竟然把匈奴人给杀了，我以后怎么向匈奴人交代？我要把你送到匈奴去。”班超大笑着说：“我只知道匈奴一百三十多人死在你们鄯善国，你已经没有回头路可走了。并且我们都穿着鄯善国的服装，在匈奴人的眼里，凶手是鄯善国的人。我们并没有烧死全部匈奴使者，还有一个人逃走了。我想他明天一定会在单于的帐中讲述鄯善国是怎么将他们的使者杀死的。”国王听了，瘫坐在地上，自知已经无退路，只好下令军士退下，换了副面孔，满脸堆笑说：“尊敬的汉使，本王刚才……只是开个玩笑，以做试探。来人！拿盟书来！”两人当即在盟书上签字、落印。

班超年少时便不喜舞文弄墨，认为那样做没有出息，他的最大愿望便是击退匈奴，为国家的边境安定尽自己的责任。后来，班超率领手下出使西域，受到西域国家的刁难与威胁。但机智勇敢的班超竟然带领几十个人杀入匈奴大营，不但赶走匈奴使者，更使得西域小国对他另眼相看，而班超也顺利地完成了使命。

如果班超像其他人一样，自小就泡在书房里读书习字，他的豪情壮志恐怕很难得到施展的机会，就更谈不上后来的出使西域为国家立功了。可是班超毅然弃笔从戎，终于成为一代名将，实现了自己儿时的梦想。

曹操建功立业的故事

三国时期，袁绍以十万大军雄踞北方，对只有四万兵卒的曹操不屑一顾。但他骄纵蛮横，致使谋士许攸愤而投奔曹操，献出火烧袁军粮草之计，从而发生了中国历史上著名的以少胜多的“官渡之战”，袁绍也在不久之后暴病身亡。袁绍死后，曹操最大的威胁消除了。

曹操带兵凯旋。一路上，将士们都很兴奋，认为袁军败退，北方已定，大家可以解甲归田，过安稳的日子了。但是大胜而归的曹操却郁郁寡欢，满腹忧思。

黄昏时分，曹军来到一个高坡前，曹操策马上坡，远眺着茫茫暮色和万丈彩霞，不禁吟道：岁月悠悠，老年已将来临。转战南北，何时能回故乡？天下没有统一，我的壮志未酬。战马不卸下鞍，铠甲不离开肩。

谋士郭嘉紧随其后，默默无言。可是不远处却传来战士们悠扬的歌声：离家数载无音信，姑娘等得烦了心。如今战胜得回还，喜抬花轿迎亲归。月亮照在我头上，姑娘不要嫁他人。

原来，此时曹军上下都认为北方平定，可以安享太平了。但曹操胸中的大志却是：平定中原，进而统一全国。郭嘉深知曹操之心，于是怒斥那些贪图安逸的将士，代曹操说出统一中原的大志。曹操见他如此知心，甚为相惜。就在这时，探马来报：袁绍之子袁尚、袁熙已经投靠东北乌桓。曹操因势利导，趁机激励全军将士直捣乌桓。

兵发乌桓的路上，连日干旱无雨，将士们口渴难耐，正在无计可施的时候，突然下起了大雨，曹操欣喜若狂。可谁知连日暴雨，洪水泛滥，行军速度异常缓慢。这时，有谋士建议驻军休整，但曹操担心延缓时日错失良机，执意不肯。这时，郭嘉献计：丢弃重物、扔掉盔甲、轻装上阵。这一计策遭到众人的反对，因为一旦遭遇敌军，后果将不堪设想。曹操沉思片刻，下令依计而行。

可怕的事情终于发生了。在地势险峻的白狼山，曹军遭遇了乌桓三万骑兵的伏击。一时之间，曹军上下惊惶失措，乱成一团。曹操见此情景，拔出宝剑，高喊："大家不要惊慌，随我来。"他带头纵马杀开一条血路，直冲白狼山，在制高点上镇定自若地指挥作战。将士们深受鼓舞，奋力拼杀，大败三万乌桓骑兵。

随后，将士们士气高涨，纷纷要求乘胜追击，但郭嘉却坚持反对，并说："如今诸侯割据势力，矛盾重重，我们一旦进攻，他们就会联合抵抗；我们不进攻，他们反而会起内讧，自相残杀，到时候我们只需坐收渔翁之利。"曹操听后，有些犹豫，但最终还是采纳了郭嘉的建议，按兵不动。可是，几个月过去了，乌桓毫无动静，曹操变得非常焦虑、急躁。郭嘉深知其意，便劝他再等一等。曹操一听，大怒道："等！我已经五十岁了！再等我就……"郭嘉终于明白曹操为什么一直郁郁寡欢了，是因为他担心自己已经老了，无法完成统一大业了。

时隔不久，乌桓果然派人携袁尚、袁熙的头颅来拜见曹操，曹操由此更加赏识、信任郭嘉。征服乌桓后，曹操信心大增，决定发兵南下。然而在南下途中，曹军却因缺水而经历了前所未有的艰难险阻，军心开始涣散。对曹操打击最大的是：郭嘉因病去世了。此时，年过五十的曹操扪心自问：要不要就此放弃？最后，他毅然决定继续统兵南下。

南下途经渤海时，曹操临海凭眺，看着惊涛拍岸，巨浪滔天，写下了著名的诗篇《龟虽寿》：老骥伏枥，志在千里；烈士暮年，壮心不已。

自此，他意志更加坚定，再也没有消沉，直到统一中原。

曹操是个典型的大器晚成的人物，等到五十岁的时候，还没有打出一片真正属于自己的天下，曹操当时的郁闷心情可想而知。而曹操却从未想过放弃，在他坚持不懈的努力下，在迟暮之年终于平定了北方。

每个人都应该在很小的时候就立下自己的志向和抱负，但是即使到了三四十岁以后仍然没有实现自己的理想和抱负，也千万不要随意放弃，只有永远坚持不懈地奋斗，才有可能实现最终的目标。

玄奘天竺取经

唐朝西北边疆，荒凉的戈壁滩上有两个中年和尚风尘仆仆地行进着。其中一位就是玄奘，他与师弟两人长途跋涉，同往天竺取经。他们来到关卡前，请求守门将领准许他们过关。守门将领非但不答应，还将两人当成突厥的奸细，不由分说就将他们关押起来。经过严格的逼问，一无所获后，将领一怒之下要将二人斩首示众。师弟一听，吓得浑身直哆嗦，语无伦次地要求退回长安。玄奘冷静地劝他说："目前国内佛学一片空白，令人深感遗憾，若能去天竺取回真经，解答众佛徒的困惑，当是一件功德无量的事情。况且，突厥屡次侵犯我边疆，杀我百姓，恶如豺狼，人人得而诛之，我们怎么会去给他们报信呢？"最终，守门将领被玄奘的一片诚心所打动，破例放二人出关。临别时，守门将领提醒玄奘："从长安到天竺，漫漫征途几万里，这后面就是一望无际的茫茫大漠，而且还要爬雪山，过草地，恐怕你们还没走多远就已经葬身在沙海之中了。"果然，没走多远，眼前就出现了茫茫无际的沙漠。巨大的龙卷风夹着沙土扶摇直上几百米高，差点将两人卷向半空。但这些艰难险阻都没有动摇玄奘西去取经的决心和意志。

数月之后，两人来到高昌国，发现举国上下非常推崇佛教。国王听说来了两个从唐朝来天竺取经的和尚，非常高兴，将他们奉为上宾。国王告诉他们：国民都信仰佛教，但无人能为百姓阐释佛理。他希望玄奘二人能留在高昌国传经讲道。为了留下他们，国王开出了十分丰厚的条件：封两人为护国法师，建一座全国最大的寺院供养二人，且加赏黄金百两，骏马千匹。师弟有些动摇了，但玄奘断然拒绝。国王看出了师弟的心思，故意岔开话题，草草了事。然而到了夜里，国王偷偷来到师弟的房间，两人谈妥了所有的条件。

第二天一大早，玄奘找到师弟催促他启程，师弟故意拖延时间，含糊其词。玄奘看出其中必有内情，与师弟发生了争执，国王一怒之下将玄奘押入天牢。玄奘为了能西去取经，绝食三天三夜，且滴水不沾，国王听说这件事后，有些感动。

一天深夜，玄奘突然惊喜地发现四周无人，他急忙收拾行李，悄悄地溜了出去。这时，背后传来忽高忽低的叫喊声，玄奘回头一看，一条长长的"火龙"绵延而来，知道一定是有人追来了。他心里一急，加快脚步，却不慎滑了一跤。这时，喊声越来越近了，玄奘绝望地仰天长叹："没想到我会葬身异国他乡，只可惜取经无望了。唉！"但追兵赶过来却并没有捉拿玄奘，原来他们是奉国王的命令，前来护送玄奘西天取经的，这让玄奘喜出望外。士兵们牵来一匹白马，说："这是我们国家最好的一匹马，能日行千里，国王吩咐送给您。"随后士兵又掏出一封信，说："这是我们国王写给沿途各国国王的文书，遇到什么困难可以请他们帮忙。"玄奘感激不尽，朝王宫的方向拜了又拜，骑马西去了。

他一路穿越雪山，历经艰难险阻，终于到达了天竺，拜摩揭陀国佛学造诣最深的戒贤法师为师，苦读经书。十几年后，他成为天竺学问最深的佛学大师，很多人都劝他留在天竺，但他都拒绝了。他没有忘记自己的使命，更没有忘记自己的祖国。终于，他带着大量的经书又回到了长安。

《西游记》的故事在我国民间流传甚广，虽版本各有不同，但有一点却是一致的，那就是玄奘不辞千辛万苦和艰难险阻，立志一定要取到真经，这种坚持不懈的精神和志向始终值得我们学习。

在通往成功的道路上，没有人会是一帆风顺的。如果遇到一点困难和挫折就止步不前甚至后退，那就永远都不可能到达最终的目的地。只有像玄奘一样，无论经受什么艰难困苦，都要设法渡过，才能最终取得辉煌的成就。

闻鸡起舞

当匈奴贵族横行北方、西晋王朝面临崩溃的时候，晋朝有一些有志气的将领还坚持在北方战斗。刘琨就是这样的杰出代表。

刘琨年轻的时候，有一个要好的朋友叫祖逖。在西晋初期，他们一起在司州做主簿，晚上，两人睡在一张床上，谈论起国家大事来，常常谈到深更半夜。一天夜里，他们睡得正香的时候，一阵鸡叫的声音，把祖逖惊醒了。他往窗外一看，天边挂着残月，东方还没有发白。

祖逖不想睡了，他用脚踢踢刘琨。刘琨醒来揉揉眼睛，问是怎么回事。祖逖说："你听听，这可不是坏声音呀。它在催我们起床了。"于是，两人高高兴兴地起来，拿下墙壁上挂的宝剑，走出屋子，在熹微的晨光下舞起剑来。就这样，他们一起天天苦练武艺，研究兵法，终于都成为有名的将军。

308年，晋怀帝任命刘琨做并州刺史。那时候，并州被匈奴兵抢夺杀掠，百姓到处逃亡。刘琨招募了一千多个兵士，冒着千难万险，转战到了并州的晋阳。晋阳城里，房屋被焚毁，满地长着荆棘，到处是一片荒凉。偶然见到一些留下来的百姓，已经饿得不像样子了。

刘琨看到这种情况，心里很难过。他命令兵士砍掉荆棘，掩埋尸体，重新把房屋城池都修复起来。他亲自率领兵士守城，防备匈奴兵的袭击。他还采取计策，让匈奴的各部落互相猜疑。后来，有一万多个匈奴人投降了刘琨，连汉主刘渊也害怕了，不敢侵犯。刘琨把流亡的百姓都召回来耕种荒地。不到一年时间，到处都能听到鸡鸣狗叫的声音，晋阳城渐渐恢复了繁荣的景象。

刘聪攻破洛阳之后，西晋在北方的兵力大多被打散了，只有刘琨还在并州一带坚持战斗。晋愍帝在长安即位后，派人封刘琨为大将军，让他统率并州的军事。那时候，汉国大将石勒，占据了襄国，集结了几十万大军，想夺取并州。刘琨南面有刘聪，北面有石勒，腹背受敌，处境困难到了极点。可是刘琨没有害怕，没有退缩。他在给晋愍帝的一份奏章里说："臣跟刘聪、石勒，势不两立。如果不讨平他们，臣决不回朝。"

据说，刘琨在晋阳的时候，有一次，晋阳被匈奴的骑兵层层包围。晋阳城里兵力太少，没有力量打退敌人。大家十分惊慌，刘琨却仍然泰然自若。到了傍晚，他登上城楼，在月光下放声长啸，声调悲壮。匈奴的骑兵听了，都随着啸声叹息。半夜里，刘琨又叫人用胡笳吹起匈奴人的曲调，勾起了匈奴骑兵对家乡的怀念，并伤感得流下眼泪。天快亮的时候，城头的笳声又响了起来，匈奴兵竟自动跑散了。

后来，刘琨联络鲜卑族首领一起进攻刘聪，没有成功。接着，石勒进攻乐平，刘琨派兵去救，被石勒预先埋伏好的精兵打得几乎全军覆没。正在这个时候，又传来了长安被刘聪攻陷的消息。到了这步田地，无论刘琨怎样顽强抵抗，也没法保住并州，只好率领残兵投奔幽州去了。

闻鸡起舞的故事主角，除了祖逖，还有刘琨。他们少年时就立下为国效力的志向，并不断地勉励自己，刘琨也终于成为国家的重要将领。在抗击匈奴的过程中，他从未有过丝毫的退缩，反而一个人坚守在国家最需要自己的地方，和敌人做着最坚决的斗争。

为国为民是一个人的最高理想，这个理想要靠自己的努力和实际行动去实现。无论遇到什么挫折和艰难，都不要轻易放弃自己的理想和信念，哪怕失败也在所不惜。

名言警句

1. 不积跬步，无以至千里。

——《荀子》

2. 故天将降大任于斯人也，必先苦其心志，劳其筋骨，饿其体肤，空乏其身，行拂乱其所为，所以动心忍性，曾益其所不能。

——《孟子》

3. 黄沙百战穿金甲，不破楼兰终不还。

——王昌龄

4. 少年辛苦终身事，莫向光阴惰寸功。

——杜荀鹤

5. 以革命事业为己任。

——孙中山

6. 我个人是渺小的，除了为人民、为广大的劳动人民服务还能有什么？

——叶挺

7. 我们活着不能草木同腐，不能醉生梦死，枉度人生，要有所作为！

——方志敏

8. 人生在世，事业为重；一息尚存，绝不松劲。

——吴玉章

附录：国学经典篇目简介及内容精选

一、《弟子规》

总　叙

弟子规　圣人训　首孝悌　次谨信
泛爱众　而亲仁　有余力　则学文

入则孝，出则悌

父母呼　应勿缓　父母命　行勿懒
父母教　须敬听　父母责　须顺承
冬则温　夏则凊　晨则省　昏则定
出必告　反必面　居有常　业无变
事虽小　勿擅为　苟擅为　子道亏
物虽小　勿私藏　苟私藏　亲心伤
亲所好　力为具　亲所恶　谨为去
身有伤　贻亲忧　德有伤　贻亲羞
亲爱我　孝何难　亲憎我　孝方贤
亲有过　谏使更　怡吾色　柔吾声
谏不入　悦复谏　号泣随　挞无怨
亲有疾　药先尝　昼夜侍　不离床
丧三年　常悲咽　居处变　酒肉绝
丧尽礼　祭尽诚　事死者　如事生
兄道友　弟道恭　兄弟睦　孝在中
财物轻　怨何生　言语忍　忿自泯
或饮食　或坐走　长者先　幼者后
长呼人　即代叫　人不在　己即到
称尊长　勿呼名　对尊长　勿见能
路遇长　疾趋揖　长无言　退恭立
骑下马　乘下车　过犹待　百步余
长者立　幼勿坐　长者坐　命乃坐
尊长前　声要低　低不闻　却非宜

进必趋　退必迟　问起对　视勿移
事诸父　如事父　事诸兄　如事兄

谨而信

朝起早　夜眠迟　老易至　惜此时
晨必盥　兼漱口　便溺回　辄净手
冠必正　纽必结　袜与履　俱紧切
置冠服　有定位　勿乱顿　致污秽
衣贵洁　不贵华　上循分　下称家
对饮食　勿拣择　食适可　勿过则
年方少　勿饮酒　饮酒醉　最为丑
步从容　立端正　揖深圆　拜恭敬
勿践阈　勿跛倚　勿箕踞　勿摇髀
缓揭帘　勿有声　宽转弯　勿触棱
执虚器　如执盈　入虚室　如有人
事勿忙　忙多错　勿畏难　勿轻略
斗闹场　绝勿近　邪僻事　绝勿问
将入门　问孰存　将上堂　声必扬
人问谁　对以名　吾与我　不分明
用人物　须明求　倘不问　即为偷
借人物　及时还　后有急　借不难
凡出言　信为先　诈与妄　奚可焉
话说多　不如少　唯其是　勿佞巧
奸巧语　秽污词　市井气　切戒之
见未真　勿轻言　知未的　勿轻传
事非宜　勿轻诺　苟轻诺　进退错
凡道字　重且舒　勿急疾　勿模糊
彼说长　此说短　不关己　莫闲管
见人善　即思齐　纵去远　以渐跻
见人恶　即内省　有则改　无加警
唯德学　唯才艺　不如人　当自砺
若衣服　若饮食　不如人　勿生戚
闻过怒　闻誉乐　损友来　益友却

闻誉恐　闻过欣　直谅士　渐相亲
无心非　名为错　有心非　名为恶
过能改　归于无　倘掩饰　增一辜

泛爱众，而亲仁

凡是人　皆须爱　天同覆　地同载
行高者　名自高　人所重　非貌高
才大者　望自大　人所服　非言大
己有能　勿自私　人所能　勿轻訾
勿谄富　勿骄贫　勿厌故　勿喜新
人不闲　勿事搅　人不安　勿话扰
人有短　切莫揭　人有私　切莫说
道人善　即是善　人知之　愈思勉
扬人恶　即是恶　疾之甚　祸且作
善相劝　德皆建　过不规　道两亏
凡取与　贵分晓　与宜多　取宜少
将加人　先问己　己不欲　即速已
恩欲报　怨欲忘　报怨短　报恩长
待婢仆　身贵端　虽贵端　慈而宽
势服人　心不然　理服人　方无言
同是人　类不齐　流俗众　仁者希
果仁者　人多畏　言不讳　色不媚
能亲仁　无限好　德日进　过日少
不亲仁　无限害　小人进　百事坏

行有余力，则以学文

不力行　但学文　长浮华　成何人
但力行　不学文　任己见　昧理真
读书法　有三到　心眼口　信皆要
方读此　勿慕彼　此未终　彼勿起
宽为限　紧用功　工夫到　滞塞通
心有疑　随札记　就人问　求确义
房室清　墙壁净　几案洁　笔砚正
墨磨偏　心不端　字不敬　心先病

列典籍　有定处　读看毕　还原处
虽有急　卷束齐　有缺坏　就补之
非圣书　屏勿视　蔽聪明　坏心志
勿自暴　勿自弃　圣与贤　可驯致

二、“四书五经”简介

南宋著名理学家朱熹将“四书”“五经”合称“四书五经”，是中国儒家的经典书籍。

（一）“四书”

《大学》《中庸》《论语》《孟子》合称“四书”，为儒家传道、授业的基本教材。几百年来，“四书”在我国广泛流传，许多语句已成为脍炙人口的格言警句。其中，《论语》《孟子》分别是孔子、孟子及其弟子的言论集；《大学》《中庸》则是《礼记》中的两篇。首次把它们编在一起的是南宋著名学者朱熹。不过，在朱熹之前的程颢、程颐兄弟已大力提倡这几部书了。他们认为，《大学》是孔子讲授“初学入德之门”的要籍，经孔子的学生曾参整理成文；《中庸》是“孔门传授心法”之书，是孔子的孙子子思“笔之子书，以授孟子”的。这两部书与《论语》《孟子》一起表达了儒学的基本思想体系，是研究儒学最重要的文献。正是根据这样的观点，朱熹把《论语》《孟子》《大学》《中庸》这四部书编在一起。因为它们分别出于早期儒家的四位代表性人物孔子、孟子、曾参、子思，所以称为“四子书”，简称为“四书”。朱熹分别为这四部书做了注释。其中，《大学》《中庸》的注释称为“章句”，《论语》《孟子》的注释因为引用他人的说法较多，所以称为“集注”。值得注意的是，朱熹所编定的“四书”次序本来是《大学》《论语》《孟子》《中庸》，是按照由浅入深进修的顺序排列的。后人因为《大学》《中庸》的篇幅较短，为了刻写出版的方便，而把《中庸》提到《论语》之前，成了现在通行的《大学》《中庸》《论语》《孟子》顺序。

1.《大学》

《大学》原本是《礼记》中一篇，在南宋前从未单独刊印。传为孔子弟子曾参（前505—前434）作。自唐代韩愈、李翱维护道统而推崇《大学》（与《中庸》），至北宋二程百般褒奖宣扬，甚至称“《大学》，孔氏之遗书而初学入德之门也”，再到南宋朱熹继承二程思想，便把《大学》从《礼记》中抽出来，与《论语》《孟子》《中庸》并列，到朱熹撰《四书章句集注》时，便成了“四书”之一。按朱熹和宋代另一位著名学者程颐的看法，《大学》是孔子及其门徒的遗书，是儒家学派的入门读物。所以，朱熹把它列为“四书”之首。

2.《中庸》

《中庸》在南宋前从未单独刊印，一般认为它出于孔子的孙子子思（前483—前402）之手，《史记·孔子世家》称“子思作《中庸》”。自唐代韩愈、李翱维护道统而推崇《中庸》（与《大学》），至北宋二程百般褒奖宣扬，甚至认为《中庸》是“孔门传收授心法”，再到南宋朱熹继承二程思想，便把《中庸》从《礼记》中抽出来，与《论语》《孟子》《大学》并列，到朱熹撰《四书章句集注》时，便成了“四书”之一。不过，现存的《中庸》，已经经过秦代儒者的修改，大致写定于秦统一全国后不久。所以每篇记叙方式已不同于《大学》，不是取正义开头的两个字为题，而是撮取文章的中心内容了。

3.《论语》

《论语》是记载孔子及其学生言行的一部书。孔子（前551—前479），名丘，字仲尼，春秋时鲁国陬邑（今山东曲阜）人。儒家学派创始人，中国古代最著名的思想家、政治家、教育家，对中国思想文化的发展有极其深远的影响。《论语》成书于春秋战国之际，是孔子的学生及其再传学生所记录整理的。《论语》涉及哲学、政治、经济、教育、文艺等诸多方面，内容非常丰富，是儒学最主要的经典。在表达上，《论语》语言精练而形象生动，是语录体散文的典范。在编排上，《论语》没有严格的编纂体例，每一条就是一章，集章为篇，篇、章之间并无紧密联系，只是大致归类，并有重复章节出现。到汉代时，有《鲁论语》（20篇）、《齐论语》（22篇）、《古文论语》（21篇）三种《论语》版本流传。东汉末年，郑玄以《鲁论语》为底本，参考《齐论语》和《古文论语》编校成一个新的本子，并加以注释。郑玄的注本流传后，《齐论语》和《古文论语》便逐渐亡佚了。以后各代注释《论语》的版本主要有：三国时魏国何晏的《论语集解》，南北朝梁代皇侃的《论语义疏》、宋代邢昺的《论语注疏》、朱熹的《论语集注》，清代刘宝楠的《论语正义》等。宋代赵普有“半部《论语》治天下”之说，可见，《论语》的贡献很大。

4.《孟子》

《孟子》是记载孟子及其学生言行的一部书。孟子（约前372—前289），名轲，字子舆，战国中期邹国（今山东邹城东南）人。是著名的思想家、政治家、教育家，孔子学说的继承者。和孔子一样，孟子也曾带领学生游历魏、齐、宋、鲁、滕、薛等国，并一度担任过齐宣王的客卿。由于他的政治主张也与孔子的一样不被重用，所以他便回到家乡聚徒讲学，与学生万章等人著书立说，“序《诗》《书》，述仲尼之意，作《孟子》七篇”（《史记·孟子荀卿列传》）。赵岐在《孟子题辞》中把《孟子》与《论语》相比，认为《孟子》是“拟圣而作”。所以，尽管《汉书·艺文志》仅仅把《孟子》放在诸子略中，视为子书，但实际上在汉代人的心目中已经把它看作辅助“经书”的“传”书了。汉文帝把《论语》《孝经》《孟子》《尔雅》各置博士，便叫“传记博士”。到五代后蜀时，后蜀主孟昶命人楷书十一经刻石。其中，包括了《孟子》，这可能是《孟子》列入“经书”的开始。到南宋孝宗时，朱熹编《四书》列入了《孟子》，正式把《孟子》提到了非常高的地位。元、明以后，《孟子》又成为科举考试的内容，更是读书人的必读之书了。

（二）“五经”

“五经”指《周易》《尚书》《诗经》《礼记》《春秋》，简称《诗》《书》《礼》《易》《春秋》，是“六经”“七经”“九经”“十二经”“十三经”的一部分。

1.《易》

《易》是《周易》（又称《易经》），是传统经典之一，相传为周文王姬昌所作，内容包括《经》和《传》两个部分。《经》为伏羲氏和周文王所作，只有卦象、卦辞和辞，主要是六十四卦和三百八十四爻，卦和爻各有说明（卦辞、爻辞），作为占卜之用。《传》包含解释卦辞和爻辞的七种文辞共十篇，统称“十翼”。原意是为《易经》作注释的，称为“十翼”，为孔子及其后学的合作结果。《周易》是中国传统思想文化中自然哲学与伦理实践的根源，对中国文化产生了巨大的影响，是古代汉族人民智慧与文化的结晶，被誉为“群经之首，大道之源”亦是中华文明的源头活水。

2.《书》

《书》又称《尚书》，是我国上古时代王室诰命、誓词和追述古代史迹的著作汇编。最初只泛称为夏、商、周书，以后才称为《尚书》。秦汉之际，《尚书》不显于世，独秦博士济南伏生壁藏之书。汉初，伏生求得其书，存 28 篇，教授于齐鲁之间。这部《尚书》以汉代通行的隶书写定，故称《今文尚书》。此外，汉代还有《古文尚书》，据说比《今文尚书》多出 16 篇。

3.《诗》

《诗》又称《诗经》《诗三百》。汉初传授《诗》的有齐、鲁、韩三家，都立于学官。毛公亦传，未得立。后来，三家诗亡缺，毛诗独传。因此，《诗》又称存 305 篇，各篇时代早晚不一，早至周初，晚至春秋中期。其所涉及的地域，主要是黄河流域，西起陕西和甘肃东部，北到河北西南，东至山东，南及江汉流域。《诗》不仅有很高的艺术价值，而且是了解先秦社会风貌的珍贵材料。

4.《礼》

《礼》在汉时指《仪礼》，后世指《礼记》。《仪礼》是春秋战国时代一部礼仪制度的汇编。汉世所传有戴德本、戴圣本和刘向《别录》本。

《礼记》是西汉时人所编定的春秋时期儒家关于礼的阐释，分为《小戴礼》和《大戴礼》两种，戴圣所编 49 篇并由郑玄作注的称为《小戴礼》，戴德所编 85 篇称为《大戴礼》。

还有一部《周官》记录周朝制度，也包括在“三礼”的范畴。“三礼”之中，后世以《礼记》流传最广，故一般以之作为“五经”之一。

5.《春秋》

《春秋》又名《麟经》，是鲁史。它按年、时、月、日记载史事，以春秋代表四时，故名《春秋》。现存《春秋》从鲁隐公元年（前 722）到鲁哀公十四年（前 481），共记 242 年间史事。虽然文句简短，但对当时政治事件都有自己的见解和评价。后人为其作注解，流传下来的有《左传》《公羊传》和《穀梁传》，合成“春秋三传”。其中以《春秋左氏传》（简称《左传》）流传最广，是我国从古至今第一部编年体史书。

（三）“四书五经”的影响

我们只要谈到中国传统文化，必然得提到“四书五经”。“四书五经”是中国传统文化的重要组成部分，是儒家思想的核心载体，更是中国历史文化古籍中的宝典。儒家经典“四书五经”包含内容极其广泛、深刻，它在世界文化史、思想史上具有极高的地位。

“四书五经”翔实地记载了中华民族思想文化发展史上最活跃时期的政治、军事、外交、文化等各方面的史实资料及影响中国文化几千年的孔孟重要哲学思想。历代科举选士，试卷命题无他，必出自“四书五经”，足见其对为官从政之道、为人处世之道的重要程度。时至今日，“四书五经”所载内容及哲学思想仍对我们具有积极的意义和极强的参考价值。

“四书五经”在社会规范、人际交流、社会文化等方面产生了不可估量的影响。其影响达于海内外，福荫子孙万代。“四书五经”是延续中华文化的千古名篇，是人类文明的共同遗产。

参考文献

［1］中国作协创研部 .2021 年中国诗歌精选［M］. 武汉：长江文艺出版社，2022.

［2］游光中，黄代燮 . 经典诗词名句［M］. 成都：四川辞书出版社，2022.

［3］东篱子 . 最美古诗词全鉴 [M]. 北京：中国纺织出版社，2019.

［4］郭预衡 . 中国古代文学作品选 [M]. 上海：上海古籍出版社，2018.

［5］英瑾 . 唐宋诗词精选赏析 [M]. 郑州：中州古籍出版社，2018.

［6］聂珍钊，苏晖 . 外国文学作品选 [M]. 北京：高等教育出版社，2017.

［7］袁行霈，许逸民 . 中国文学作品选注 [M]. 北京：中华书局，2017.

［8］陈立红 . 婉约词全鉴 [M]. 北京：中国纺织出版社，2017.

［9］张长青 . 中国古典诗词名篇文化鉴赏 [M]. 北京：北京大学出版社，2014.

［10］杨林，朱晓菊 . 经典诵读 [M]. 北京：电子工业出版社，2014.

［11］韩非，著；李新纯，编著 . 韩非子 [M]. 昆明：云南人民出版社，2013.

［12］论语 [M]. 北京：华侨出版社，2013.

［13］高玉 . 中国现当代文学作品选 [M]. 杭州：浙江大学出版社，2013.

［14］四书・五经 [M]. 沈阳：辽海出版社，2012.

［15］蘅塘退士 . 唐诗・宋词・元曲 [M]. 北京：中国纺织出版社，2012.

［16］蒋祖国 . 经典诵读 [M]. 北京：机械工业出版社，2011.

［17］司马迁 . 史记 [M]. 北京：华侨出版社，2011.

［18］杨伯峻 . 孟子译注 [M]. 北京：中华书局，2008.